Schemann

Münster – Leezen, Lowi und Lowinen

Wolfgang Schemann

Münster – Leezen, Lowi und Lowinen

Geschichte(n) für Masemattenfreier

Bildnachweis

Presseamt Münster (Seite 58)
Presseamt Münster / Roman Mensing (Seite 88)
Presseamt Münster / Britta Roski (Seite 64)
Presseamt Münster / MünsterView (Seite 18, 46)
Wolfgang Schemann (Seiten 16, 34, 70, 86, 96, 100)

1. Auflage 2016

Printed in Germany

Gedruckt auf säurefreiem, alterungsbeständigem Papier ∞
ISBN 978-3-402-13155-8

Inhalt

Eine jovele Rakawele

Seit Münster im Jahre 2004 zur „lebenswertesten Stadt der Welt“ gekürt wurde, haben viele Medien über die Sehens- und Merkwürdigkeiten berichtet, die die Westfalenmetropole so lebens- und liebenswert machen. Nur von einer Besonderheit (die zugegebenermaßen nicht unbedingt zu den Sehenswürdigkeiten gehört, sondern eher zu den Hörenswürdigkeiten) war eher selten die Rede, obwohl sie die Stadt erst recht liebenswert macht: von der Masematte.

Die Masematte – zusammengemixt aus Rotwelsch, Jiddisch, Romani und anderen Zutaten – war eine Art Geheimsprache, die in bestimmten Kreisen (mobile Händler und Hausierer, Schausteller und Viehhändler) und in bestimmten Vierteln (Klein-Muffi, Pluggendorf, Sonnenstraße und Kuhviertel) der Stadt benutzt wurde. Und zwar vor allem dann, wenn man unter sich bleiben und sich von anderen abgrenzen wollte – wenn man sich also in Gegenwart von Außenstehenden verständigen wollte, ohne verstanden zu werden.

Im Zweiten Weltkrieg sind diese Milieus zerstört worden, die Masematte verlor damit ihre ursprünglichen Funktionen. Aber sie hat dennoch überlebt. Mehr noch: Sie wurde gewissermaßen neu erfunden. Und fungiert seitdem als eine Art Freizeit- oder Spaßsprache – weil es einfach viele Münsteraner gibt, die *hamel Jontef* haben, bisweilen mal ein bisschen in dieser *jovelen Rakawele* zu *palavern*. So wird Masematte vor allem an der Theke und im Freundeskreis *gelabert*, bisweilen taucht sie auch im Karneval oder in der Lokalzeitung auf. Und manche Masematte-Begriffe gehören längst zur Umgangssprache – *jovel* und *schofel* etwa oder *Leeze* und *Maimel*. Aber auch Wörter wie *Lowi* und *Lowine*, *Macker* und *Maloche*, *Koten* und *Kaline* gehen vielen Münsteranern locker über die Lippen.

Früher wurde Masematte nur gesprochen und nicht geschrieben. Jedenfalls sind keine schriftlichen Zeugnisse aus der Zeit vor dem Zweiten Weltkrieg bekannt. Und wenn jemand den Originalsprechern anno dazumal gesagt hätte, dass es mal einen Stadtführer in Masematte geben werde („Münster – noch tofter als jovel", Verlag Aschendorff), hätten sie ihn vermutlich für *meschugge* gehalten. Aber das muss man als Autor aushalten können. Notfalls auch ein zweites Mal, also für dieses Buch. Denn es gibt noch jede Menge Geschichte und Geschichten aus Münster, die unbedingt mal auf Masematte erzählt werden müssen. Weil es eben *hamel Jontef* macht …

Damit der Obermacker schucker ausroint

Wer im Ratbeis das Rakawelen hat, also wer da den Oberbürgermeister mimt, der bewircht eine Amtskette. Die braucht der einerseits, damit er schucker ausroint – und andererseits, damit die anderen gleich dibbern, dass er der Obermacker ist.

So eine Amtskette aus Gold oder Silber ist hamel jackes und liegt normalerweise in einem Panzer-Schapp im Ratbeis. Und deshalb muss man auch mucker sein, dass sie nicht geschort wird oder sonstwie plete geht. Aber das kann natürlich trotzdem passieren …

Einmal war die Kette schon weg. Bei einem Besuch in Orléans, Münsters Partnerkaff in Frankreich, hatte man wohl ordentlich einen gepichelt, als die Münsteraner plötzlich muckerten, dass das gute Stück plete war. Natürlich hatten alle hamel Muffe, dass jemand die Kette geschort hatte, um sie irgendwo zu verscherbeln. Aber die Münsteraner hatten Massel, die Kette war wohl nur verklüngelt worden – und fand sich später wieder.

Ein anderes Mal hatte Münsters damalige Oberkaline Marion Tüns eine Nobel-Fete im Schloss besucht. Und musste nachts plötzlich muckern, dass niemand daran gedacht hatte, wie das schauwe Stück wieder ins Panzer-Schapp kam. Der Dienst-Wuddi war längst weg. Und nu? Das Anim hatte sich nun mal vorgenommen, nach der Fete zu Fuß zu ihrem Beis zurückzuschemmen. Also zog sie ihre Winter-Masminen an, stopfte die Feten-Meierlinge zusammen mit der Kette in ihre Jute-Chatte – und teilachte los.

Irgendwann muckerte sie, dass jemand hinter ihr scherbelte und immer näher kam. Marion Tüns hatte hamel More um sich und die Kette – als der Seeger hinter ihr auch schon bölkte: Warum schemmen Sie denn mitten in der Nacht durch die Bendine? Es war ein angeschickerter Karnevalist, der auch auf dem Weg nach Beis war. Und der Münsters Chefkaline dann bis zu ihrem Beis begleitete.

Übrigens: Auch wenn die Kette wirklich mal geschort würde, könnten die Obermacker oder Oberkalinen im Ratbeis ihre Maloche weitermachen. Denn Münster hegt insgesamt drei Amtsketten. Aber das ist eine andere Geschichte …

Amtskette: *Bei offiziellen Anlässen legt das münsterische Stadtoberhaupt eine Amtskette um – ein goldenes Schmuckstück, das 1861 von der Stadt angeschafft wurde und nicht nur historischen Wert hat. Deshalb liegt die Amtskette meistens im Rathaus-Tresor. Aber auch im Falle des Verlustes könnte der Oberbürgermeister weiterhin offizielle Termine wahrnehmen: Es gibt noch zwei weitere Amtsketten …*

Picheln im Freien

Sicher, auch früher haben die Leute in manchen Kneipen draußen einen gebechert. Beispielsweise in Handorf, im Kaff der großen Kaffeekannen. Und auch in der Stadt hatten ein paar Kaschemmen einen Lowinengarten, wo man sich im Sommer tofte einen schickern konnte. Aber das war's dann auch schon.

Und heute? Wennze als Kower keinen Stuhl auffe Strehle hast, hasse Malessen mit deine Kaschemme. Die Leute wollen draußen picheln und achilen, und das nicht nur im Sommer.

Und es sind nicht nur die Quarzer, die im Freien schickern. Sicher, seit das Qualmen in den Kaschemmen verboten ist, schemmen die sowieso alle halbe Stunde für eine Zichte vor die Tür – und viele setzen sich dann lieber gleich nach draußen.

Im Grunde haben alle hamel Jontef an der Freiluft-Pichelei: dibbern und bedibbert werden. Und es roint auch echt hamel aus, wennze mal im Sommer, wenn der Lorenz knallt, durch die Stadt schemmst – überall sitzen die Seegers und Anims anne Strehle, picheln Schokelamai, schickern ein Lowinchen und schlürfen Prosecco, oder wie sich das Kribbelpani neuerdings schmust.

Allerdings fragt man sich manchmal schon, ob die Seegers oder Kalinen, die da hamel Jontef beim Picheln im Freien haben, alle keine Maloche machen müssen. Es sei denn, man sitzt selbst in einer Open-Air-Kaschemme und hat beim Kower gerade eine Lowine bestellt …

Außengastronomie: *Draußen sitzen ist „in“, die Begeisterung fürs Trinken und Essen im Freien hat in den letzten Jahren und Jahrzehnten deutlich zugenommen. In Münster findet man deshalb kaum noch ein Café oder Restaurant, das auf Freiluftangebote verzichtet. Allein in der münsterischen Innenstadt gibt es nach Angaben des städtischen Presseamtes rund 7000 Plätze in der Außengastronomie.*

Figine mit Mond

Die Strehlen rund um den Scharett gehören meist nicht zu den Kers, die besonders tofte ausroinen. Das ist auch in Münster so. Aber in einem Punkt ist Münsters Scharettstrehle Spitze: Nirgendwo sonst in Deutschland kannze so jovle Schaltkästen bedibbern. Und so viele Monde …

Die Seegers, die am Scharett ein Beis oder einen Laden haben, haben lange palavert, was sie makeimen könnten, damit die Bendine besser ausroint. Und dann haben sie ausklamüsert, dass man was mit den Schaltkästen mänglowieren könnte – mit diesen schofelen grauen Kisten am Strehlenrand, in denen viele Kabel rumwuseln.

Aber nicht einfach nur bemalen. Laulone! Die Seegers vom Scharett-Ker wollten mehr. Deshalb haben sie hamel viel Knete inne Feme genommen und einen berühmtem Figinenköster engagiert: Tobias Rehberger, der schon bei den Skulptur-Projekten 1997 für Furore sorgte, weil er ein Kunstwerk makeimte, was die Münsteraner hamel jovel fanden: eine Freiluft-Kaschemme, die sich „Günter's (wiederbeleuchtet)" schmuste und wo man echt einen schnasseln konnte. Kunst mit Lowinen also.

Auch beim Scharett-Projekt lässt Tobias Rehberger es leuchten. Der Seeger hat elf Schaltkästen neu mänglowiert, mit Rohren und Röhren, mit Farbe und Sitzgelegenheiten. Und über jedem Kasten gibt es eine schumme Funzel, die einen Mond mimt. Denn das Ganze schmust sich „The Moon in Alabama". Man kann aber auch den Mond von Ibiza, Kyoto oder Wanne-

Eickel dibbern. Und immer wenn der Mond in einem dieser Käffer aufgeht, dann leuchtet auch die entsprechende Funzel am münsterischen Scharett.

Ist doch jovel: Wennze keine Zerche hegst, wann der Mond in Ibiza aufgeht, brauchste also nur in Münster zum Scharett zu schemmen und kannst da kneistern, was ambach ist …

Bahnhof: *Mit einer ungewöhnlichen Kunstaktion hat die Immobilien- und Standortgemeinschaft (ISG) Bahnhofsviertel Münster bundesweit Schlagzeilen gemacht: Sie beauftragte den Künstler Tobias Rehberger, sich der grauen Schaltkästen im Bahnhofsumfeld anzunehmen. Rehberger, der schon bei den Skulptur-Projekten 1997 mit seiner Freiluft-Bar „Günter's (wiederbeleuchtet)" auf dem Hörsaalgebäude am Schlossplatz für Aufsehen sorgte, hat elf Schaltkästen zu Kunstwerken umgebaut. Jede Station bezieht sich auf eine Stadt – und wenn dort der Mond aufgeht, geht auch die Leuchtkugel der betreffenden Station in Münster an. Titel des Gesamtprojektes: „The Moon in Alabama".*

Schaltkasten am Scharett, von einem Figinenköster mit Mond-Funzel versehen …

Mit Chamine nach oben

Wennze hierzulande mal in die Luft teilachen willst, brauchste kein Luftwuddi – hier kannze auch mit nem Ballon päsen: Münster schmust sich nämlich Hochburg des Ballonsports.

Früher sind die Ballone meist mit Gas gepäst, heute mit chammer Luft. Das ist einfacher. Man muss nur unter dem Ballon einen Jack anmachen und dann warten, bis drinnen hamel Chamine ist. Und schon steigt der Ballon nach oben – weil chamme Öhme leichter ist als kalte.

In Münster findet seit vielen Jahrzehnten regelmäßig ein Wettpäsen statt, das sich „Montgolfiade" schmust – weil sich die Ballone, die mit chammer Öhme päsen, auch Montgolfieren schmusen. Das roint schon hamel aus, wenn dann Dutzende von Ballons über den münsterischen Tifteltürmen schweben. Und abends macht das Ballonglühen hamel Jontef – wenn die Ballone vom Jack erleuchtet werden und wie schumme Funzeln am Aasee stehen.

In Münster gibt es hamel viele Ballonfahrer. Aber am berühmtesten wurde ein Anim: Helma Sjuts. Sie war nicht mehr die jüngste, als sie erstmals eine Ballonfahrt machen sollte. Und sie hatte dafür extra neue Turnmasminen gebickt. Doch als sie am Startplatz anschemmte, bekneisterte der Pilot das Anim und rakawelte: Nä, ne Kaline mit Pantoffeln nähm er nicht mit. Erst nach einigem Palaver durfte Helma Sjuts doch mitfahren.

Es war für Helma Sjuts das, was die Figinenköster vonne Psychologie ein „Schlüsselerlebnis" schmusen. Zum einen fand sie die Ballonfahrt hamel jovel. Und zum anderen war sie sauer, dass sie als „Pantoffelheldin“ beschmergelt worden war. Jedenfalls hat sie anschließend den Pilotenschein makeimt, ist bei über 1 100 Ballonfahrten mehr als 100 000 Kilometer durch die Luft gepäst – und hat viele Wettpäsen gewonnen.

Bleibt die Frage, warum es gerade in Münster so viele Ballöner gibt. Ist doch klar: Über Münster ist die Luft so jovel – und es macht einfach Jontef, die Stadt von oben zu bekneistern.

Ballonfahren: *Münster gilt als Hochburg des Ballonsports. Und das schon seit langem, der Freiballonsport-Verein Münster und Münsterland wurde bereits 1909 gegründet. Die Montgolfiade Münster, die erstmals 1969 stattfand, gilt als älteste Heißluftballon-Veranstaltung Deutschlands. Sie zieht mit ihren Wettfahrten und dem Ballonglühen regelmäßig Tausende von Zuschauern in ihren Bann.*

Montgolfiade – Wettpäsen mit chammer Luft

Mal kneistern, wo der Mottek hängt …

Wenn Seegers am Samstag keine Zerche hegen, was sie so machen sollen, oder wenn sie Muffe haben, dass sie von ihrer Kaline für Gartenmaloche eingeteilt werden, dann schemmen sie gerne zum Baumarkt: Locker durch die Regale scherbeln, mal kneistern, wo der Mottek hängt – und dann mit nem Panibengel prüfen, ob der Mottek auch gerade hängt. Natürlich muss man außerdem mal bei den Lapanen dibbern: Ob man nicht vielleicht ne neue bicken sollte – falls die Sache mit der Gartenmaloche doch noch mal ernst wird …

Den Seegers macht das hamel Jontef. Da sei „wie Urlaub", hat mal einer rakawelt. Und ein Schallermann – der, wo sich Reinhard Mey schmust – hat sogar mal ein Lied über die Seegers im Baumarkt geschrieben. Die suchten da immer nen neuen Kick, heißt es darin, und rointen ausse Kowe mit dem „Geht nicht gibt's nicht-Blick". Und manch einer bickt da auch was für sein Anim, so schallert der Mey – beispielsweise „für Hella einen Winkelschleifervorsatzteller".

Aber Baumärkte sind auch nicht mehr das, was sie mal waren. Früher waren die Seegers da unter sich: Lapanenmalocher und Speismakeimer, Freizeit-Fememalocher und Mottek-Machos. Aber heute scherbeln immer häufiger auch Kalinen durch die Regale. In der Tagesfleppe, die sich WN schmust, konnze vor einiger Zeit mal dibbern, dass in manchen münsterischen Baumärkten schon über die Hälfte der Kunden Kalinen sind. Und in einem Baumarkt malochte sogar ein Anim als Chefkaline.

Droht das Ende der Macker-Domäne, ist dann laulone mit „Erholung im Baumarkt"? Gibt's doch sowieso nicht mehr, rakawelte eine Kaline, die in einem Baumarkt malocht: „Die Anims kommen samstags mit dem Wuddi, setzen die Männer im Baumarkt ab, damit sie selbst in Ruhe bicken können, und holen sie hinterher wieder ab …"

Baumarkt: *Die Baumärkte waren früher eine Männer-Domäne, aber das ist wohl vorbei. Wie eine Umfrage der Westfälischen Nachrichten vor einiger Zeit ergab, stellen die Frauen in manchen Baumärkten schon über 50 Prozent der Kunden. Als mögliche Gründe für diese Entwicklung nannten die Marktleiter zum einen das veränderte Sortiment, das gerade in den Bereichen Garten und Inneneinrichtung immer mehr Frauen anspreche, und zum anderen die Tatsache, dass die Frauen „immer selbstständiger" werden.*

Zahlenmakeimer und Prognosemänglowierer

Früher haben die Figinenköster vonne Statistik, also die Seegers, die immer mit Zahlen mänglowieren, uns belabert, dass Münster immer kleiner werde – wegen der „demografischen Entwicklung", wie sich das schmust, wenn es immer weniger Koten gibt. Und mancher hat schon überlegt, wie Münster wohl ausroint, wenn immer weniger Seegers und Kalinen über die Straße schemmen, wenn so manches Beis leersteht, wenn immer mehr Kneipen und Kaschemmen dicht machen – wird Münster dann wieder ein Kaff wie Kattenvenne?

Aber war laulone mit Schrumpfen. In den letzten Jennikes ist Münster immer größer geworden. 2014 hat der Obermacker im Ratbeis schon ein Anim als 300 000. Münsteranerin begrüßt. Und nun labern die Zahlenmakeimer davon, dass die Stadt bis 2040 auf 350 000 Einwohner wachsen könnte. Da käme also ein Ker wie Kotenbeis noch gut dreimal dazu.

Wie kommt's? Sind die Seegers und Anims in Münster wieder häufiger gemeinsam inne Poofe gepäst – also gibt's wieder mehr Koten hier? Laulone. Die Stadt wächst, weil viele Schauter und Schicksen aus anderen Käffern nach Münster päsen und sich hier ne Kabache suchen, weil sie hier wohnen wollen.

Die Prognosemänglowierer rakawelen, Münster habe eine „hohe Lebensqualität", sei also hamel jovel. Für Masemattenfreier ist das keine Überraschung. Die haben schon immer gewusst, dass Münster „noch tofter als jovel" ist.

Bevölkerung: *Seit November 2014 hat Münster mehr als 300 000 Einwohner. Und weiteres Wachstum ist zu erwarten. Eine Bertelsmann-Studie prognostiziert bis 2030 ein Bevölkerungsplus von 11,3 Prozent, und das Land Nordrhein-Westfalen hält für das Jahr 2040 eine Zahl von 350 000 Einwohnern für möglich.*

Zwischen Öle und Tralli

Da, wo die Warendorfer Strehle die Öle kreuzt, liegt das Ker, das sich im Volksmund Blitzdorf schmust. Doch selbst alte Seegers und Kalinen aus Münster hegen keine Zerche, warum das Ker diesen Namen bewirchte.

Manche rakawelen, das sei auf eine Explosion vor 100 Jennikes zurückzuführen. Damals ist nämlich der Pulverschuppen – eine Kabache, wo die Militärs Pulver für Püster, Schrapnells und Granaten gebunkert hatten – in die Luft geflogen. Es wird rakawelt, man habe den Jack im ganzen Münsterland dibbern können.

Andere meinen, der Name Blitzdorf komme daher, dass hier früher viele Malocher von der Straßenbahn ein Beis hatten. Und die Strehlentralli-Makeimer hatten alle einen Blitz auf der Kowe.

Und dann gibt es noch die, die labern, dass das Ker ein Blitzableiter für Münster sei. Weil es zwischen dem Pani der Öle und dem Eisen der Tralli-Gleise liege, entlüden sich hier viele Gewitter. Mit Donner und Blitz. Sie habe früher als Koten selbst gedibbert, so rakawelte eine Kaline, wie die Gewitterwolken vor der Panistrehle halt machten – und die Blitze dann über Blitzdorf runtersausten.

Vielleicht liegt es aber auch nur daran, dass die Seegers und Kalinen, die hier wohnten, besonders mucker waren und tacko denken konnten. Blitzmerker sozusagen. Dann wäre Blitzdorf einfach das Ker der Blitzmerker.

Blitzdorf: *Das Stadtviertel zwischen Warendorfer Straße, Dortmund-Ems-Kanal und Schifffahrter Damm firmiert im Volksmund als „Blitzdorf". Und keiner weiß so recht, warum. Einige nennen als Grund die Explosion des nahegelegenen Pulverschuppens im Jahre 1915, andere verweisen darauf, dass hier früher viele Straßenbahner wohnten, „die alle einen Blitz auf der Uniform hatten". Und es gibt auch die Theorie, dass Blitzdorf aufgrund seiner besonderen geografischen Strukturen (zwischen Kanal-Wasser und Bahn-Gleisen) wie ein „Blitzableiter" für die Stadt Münster funktioniere: „Hier entladen sich viele Gewitter."*

Da wieherte der Ratbeis-Zossen

Einige Seegers und Kalinen, denen ein Beis an der Bremer Strehle hinterm Scharett gehört, staunten hamel, als sie eines Tages einen Brief von der Stadt-Mänglowation bekamen. Sie hätten, so dibberten sie in der Fleppe, einen Kübel mit Blumen vor ihrem Backs an die Strehle gestellt. Aber sie hätten dafür laulone Genehmigung. Und ob sie dafür überhaupt eine Erlaubnis bewirchen könnten, so schrieb der Mänglowations-Macker weiter, sei offen. Das entscheide er, wenn sie eine Fleppe mit einem entsprechenden Antrag makeimt hätten.

Wovon der Seeger aus dem Ratbeis offenbar keine Zerche hegte: Die Beis-Besitzer hatten die Blumenkübel gar nicht aufgestellt – sondern die Stadt selbst. Weil die Strehle hinterm Scharett nicht besonders jovel ausrointe, sollten die schummen Blumenpötte für ein bisschen mehr „Wohnqualität" sorgen.

Da wieherte der weiße Ratbeis-Zossen, den man gerne Amtsschimmel schmust: Die Stadt hatte quasi Brassel mit sich selbst. Und nun? Sollte die Stadt sich stikum selbst eine Genehmigung für die Blumenkübel erteilen – oder sollte sie sich eine Bußknete verpassen, weil sie ohne Genehmigung einfach was an die Strehle bugsiert hatte?

Die Stadt machte schließlich jovle Schmiege zum schoflen Spiel – und ließ die Kübel neu bepflanzen, damit sie wieder schucker ausrointen …

Blumenkübel: *Erst für Aufregung, dann für Heiterkeit sorgte ein Schreiben des städtischen Liegenschaftsamtes, das 1996 etlichen Hauseigentümern an der Bremer Straße zuging: Sie hätten, so hieß es darin, vor ihrem Haus „eine Sondernutzung ausgeübt (Aufstellen von Blumenkübeln), ohne im Besitz der für die Sondernutzung der öffentlichen Verkehrsflächen erforderlichen Erlaubnis der Stadt zu sein". Dabei hatte die Stadt die Waschbetontröge selbst aufgestellt – im Rahmen eines Modellprojektes „zur Verbesserung der Wohnqualität".*

Kita für Seegers …

Früher waren sie an jeder Ecke und deshalb schmusten sie sich auch so: Eckkneipen. Das war die Kaschemme nebenan, wo man sich abends nach der Maloche, beim Scherbeln mit dem Keilof oder vor dem Weg in die Poofe noch mal eben einen schnasseln konnte. Doch inzwischen sind viele Eckkneipen plete.

Keine Zerche, warum das so ist. Schließlich war die Eckkneipe hamel jovel. Denn irgendwie war es dort wie bei Beis: Wennze reinkamst, brauchteste nicht viel zu rakawelen – das Gedeck stand schon auf'm Tresen: ne Lowine und nen Quinie. Oder wasse sonst immer gepichelt hast.

Der Kower gehörte fast zur Familie, er kannte die ganze Mischpoke. Wennze Brassel auffe Maloche hattest, konnze mit ihm darüber labern. Und wenn er mal keinen guten Rat hatte, hatte er zumindest einen Schabau.

Mit Achile war in der Eckkneipe meist nicht viel ambach. Höchstens Bezinnum mit Matrelensalat, kalte Koteletts und natürlich die Knubbel, die nach Katzow und nach Karo-Makeimer schmeckten und sich „Frikadellen" schmusten. Aber dafür konnze da eben labern, knobeln und Karten kloppen. Und nebenbei erfuhr man auch, was im Ker so ambach ist.

Und auch die meisten Anims fanden die Eckkneipe jovel – weil sie dann wenigstens wussten, wo ihr Macker ist. Ein Anim hat mal über die Eckkneipe rakawelt: „Das ist wie ne Kita für die Seegers, da kannze die jederzeit abgeben …"

Eckkneipen: *Es gibt keine offizielle Statistik, aber die Situation ist offensichtlich: Die Zeit der traditionellen Eckkneipen ist offensichtlich vorbei, ihre Zahl geht jedenfalls kontinuierlich zurück. Und keiner weiß so recht warum.*

Hamel viel Bendine

Wovon viele keine Zerche hegen: Münster ist hamel groß – eine der schummsten Städte in Deutschland und die zweitgrößte Stadt in Nordrhein-Westfalen. Nicht, weil hier so viele Schauter und Schicksen wohnen – nein, weil es hier so hamel viel Bendine gibt. Mehr als 300 Quadratkilometer, wie die Zahlenmakeimer rakawelen. Und damit ist Münster größer als Frankfurt und Stuttgart, Dortmund und Essen, Leipzig und Hannover. Ömmes!

Das war nicht immer so. 1975 ist Münster quasi über Nacht ein paar Nummern schummer geworden. Schuld daran war etwas, das die Figinenköster in Düsseldorf ausbaldowert hatten und das sich „kommunale Neuordnung" schmuste. Münster hat dabei hamel abgesahnt und alle Käffer rundherum – von Albachten bis Roxel, von Amelsbüren bis Wolbeck – eingesackt.

In Münster fand man das hamel jovel. Schließlich wohnten in den Käffern rundherum sowieso schon viele Münsteraner – die dorthin gezogen waren, weil sie da für weniger Knete ein Beis bewirchen konnten. Und außerdem hatten die Leute in den Käffern rundherum schon alles in Münster mitgenutzt, von der Teewinde bis zum Theater, von der Penne bis zur Plümpse – ohne dass die Käffer dafür auch nur einen Heiermann blechen mussten.

In den Käffern rundherum fand man das dagegen eher nerbelo. Schließlich hatten die alle einen eigenen Obermacker, einige hatten auch hamel Penunzen. Und sie wollten sich nicht vom Ratbeis in Münster verkasematuckeln lassen, was mit der Knete und ihren Käffern geschieht.

Deshalb gab es damals hamel Stoof. Und einige Käffer haben noch schnell ne Plümpse gebaut, bevor ihr Moos in die münsterische Patte plumpste. Aber inzwischen ist der Brassel längst vergessen …

Eingemeindung: *Die kommunale Neuordnung, die am 1. Januar 1975 vollzogen wurde, bescherte der Stadt Münster quasi über Nacht ein stattliches Wachstum: Im Zuge der Eingemeindung wurden der Stadt die neun Gemeinden Albachten, Amelsbüren, Angelmodde, Handorf, Hiltrup, Nienberge, Roxel, Sankt Mauritz und Wolbeck zugeschlagen. Seitdem ist Münster mit gut 303 Quadratkilometern hinter Köln die flächengrößte Stadt in Nordrhein-Westfalen.*

Der Heiermann ist plete

Sicher, der Euro ist ne jovle Sache. Wennze im Urlaub nach Griechenland oder Italien juckelst und irgendwo was beribbeln muss, packste einfach inne Patte und nimmst die Knete, die du bei Beis eingepackt hast. Früher bewirchte man schon einen Knoten im Schero, wennze deine Balachesen umrechnen wolltest in griechische Drachen, oder wie die Knete sich da schmuste, oder in italienische Lire – wobei man da immer noch mit ein paar Nullen zusätzlich mänglowieren musste. Und heute kannze deine Lowine auf Majorka mit dem gleichen Lowi blechen wie bei deinem Kower anne Ecke.

Aber es gibt auch Seegers und Kalinen, die fanden die neue Knete, die sich Euro schmuste, hamel schofel.

Der Brassel begann schon beim Doppelkopp: Jahrzehntelang musste man beim Doppelkopp immer hei Beschine oder fünf Pfennig blechen für jeden Punkt – also beispielsweise Re, Kontra oder Fux am Pinn. Und dann waren die Pfennige plötzlich plete. Maschemau! Was tun? Weil man keine zweieinhalb Cent inne Feme nehmen kann, musste man um fünf Cent spielen. Aber das war ja so, als wennze um einen Tacken zockst – also Bock. Und was machste dann inne Bockrunde?

Noch schofeler war die Sache mit dem Heiermann. Die Münsteraner sind doch alle mit dem Heiermann groß geworden. Wenn Oma zu Besuch kam und keine Zerche hatte, was sie schenken sollte, dann bewirchten die Koten einen Heiermann für die Spardose. Und wennze später als Koten zum

Schock wolltest, dann gab's von Mama einen Heiermann – und einen guten Rat: Musse nicht alles verprassen, kannze den Rest doch inne Spardose tun. Aber als 2002 der Euro inne Patte kam, da böschte der Heiermann einfach plete …

Euro: *Die Einführung des Euro im Jahre 2002 bedeutete vor allem für die Freunde der Masematte und darüber hinaus für die meisten Münsteraner eine große Umstellung: Plötzlich war der Tacken (Groschen) weg. Und noch schlimmer: Es gab auch keinen Heiermann mehr – wie hierzulande das Fünf-Mark-Stück genannt wurde.*

Dornröschen und die Leezen

Vorm Scharett in Münster liegt Deutschlands größtes Leezenparkbeis, darin stehen meistens mehr als 3 000 Knetemänner. Doch noch mehr stehen draußen, auf den Strehlen rund um den Scharett: Wohin du auch dibberst – Leezen, Leezen, Leezen. So viele, dass man an manchen Stellen kaum noch durchschemmen kann.

Deshalb hat die Stadt-Mänglowation solche Leezen, die auf dem Maukenschemmer-Weg vor dem Scharett standen, abgeräumt. Aber einer, dessen Leeze plötzlich plete war, ist zum Kadi gegangen – und die Stadt hat verkimmelt: Sie darf, so rakawelte der Kadi, die Knetemänner nicht einfach abschleppen, bloß weil sie auf dem Maukenschemmer-Weg stehen.

Maschemau! Und nun? Makeimt man nix, nimmt die Zahl der Leezen immer mehr zu – vor allem die der alten Rostlauben, die längst kapores sind und mit denen keiner mehr päsen kann.

Das Ordnungsamt hat deshalb was Neues ausbaldowert: Weil zwischen den Leezen schon hamel viel Unrat und Unkraut zu dibbern war, rakawelten die Seegers, die Strehle müsse mal gereinigt werden – von wegen der Sicherheit und so. Und seitdem wird das zweimal im Jahr makeimt. Die Stadt stellt Schilder auf, auf denen kannze dibbern: Nächste Woche Großreinemachen – bitte alle Knetemänner abholen und keine mehr abstellen. Dann kommen die Besen-Malocher. Und die Leezen, die immer noch ambach sind, werden abgeschleppt und in die städtische Knetemänner-Kabache gebracht.

Gut, dass die Stadt diese jovle Idee ausbaldowert hat, sonst könnte man den Scharett bald gar nicht mehr erreichen, weil er – wie das Nobelbeis, in dem Dornröschen einst gepooft hat – irgendwann von einem undurchdringlichen Gestrüpp aus Leezen und Chatten, Müll und Blech, Rost und Unkraut umgeben wäre …

Leezen-Chaos am Scharett: Knetemänner ohne Ende

Fahrräder: *Die vielen Fahrräder sind für Münster ein Pluspunkt – aber teilweise auch ein Problem, weil sie stellenweise so massiv auftreten, dass die Gehwege zu Leezen-Parkflächen mutieren, vor allem im Bahnhofsumfeld. Die Stadt hatte darum Fahrräder, die auf Gehwegen standen, entfernen lassen. Doch diese Praxis war vom Gericht gerügt worden. Das Ordnungsamt hat sich daraufhin etwas Neues einfallen lassen: Zweimal im Jahr werden die Fahrrad-Abstellflächen nach entsprechender Ankündigung gründlich gereinigt. Übrigens: Bei einer solchen Aktion werden schon mal 1 000 (!) Fahrräder abgeräumt und zur Fundfahrradstation gebracht.*

Funzellose Knetemänner

Münster ist die Stadt der Leezen. Noch hat sie keiner gezählt, aber Seegers, die von sowas hamel Zerche haben, schätzen, dass es hier 500 000 Knetemänner gibt – fast zwei pro Schero und Zinken. Aber wie das so ist: Wo so viele mit der Leeze durch die Strehlen päsen, hat auch die Mispel allen Femen voll zu tun. Besonders häufig sind die Leezenritter, die ohne Funzel durch die Bendine juckeln.

Jovel, dass Sie kommen, schmuste ein Seeger, der mitten in der Nacht ohne Latüchte angehalten worden war. Er sei gerade dabei, den Gannef zu verfolgen, der ihm die Funzel geschort habe …

Ein anderer Schauter mit funzellosem Knetemann wollte der Mispel ebenfalls verknickern, dass ihm die Latüchte gerade eben erst geklemmt worden sei. Weshalb die Mispel fragte, ob er denn Anzeige erstatten wolle. Nä laulone, schmuste der Seeger, die Funzel sei ja sowieso machulle gewesen …

Ein Anim, das mitten in der Nacht ohne Funzel durch die Promenade päste, rakawelte, sie habe nur die Leeze genommen, weil doch so viel passiert – und da habe sie nicht alleine durch die Dunkelheit schemmen wollen. Und dann schmuste sie der Mispel: Sie wollen doch auch nicht, dass ich überfallen werde?

Als rekordverdächtig gilt ein Leezenritter, der innerhalb weniger Minuten Knete und Knetemann verlor. Der Seeger, der bei Maimel und Dunkelheit ohne Funzel unterwegs war, hatte dafür eine Bußknete von der Mispel bewircht – stieg dann aber gleich wieder auf seine Leeze, päste ohne Funzel weiter und fingerte dann auch noch einen Laberknochen aus der Chatte, um einem anderen Seeger zu schmusen, was ihm gerade passiert war. Als er erneut angehalten wurde, schmonselte er, die Mispel hege ja keine Zerche – aber er habe hamel Jura gebüffelt. Da hatte er die Gosche dann wohl doch zu voll genommen: Die Mispel makeimte eine Anzeige – und kassierte die Leeze.

Fahrradfahrer: *Wo es viele Fahrradfahrer gibt, gibt es naturgemäß auch viel Fehlverhalten. Als rekordverdächtig gilt in diesem Zusammenhang ein junger Mann, der bei Dunkelheit ohne Licht unterwegs war, sich dafür ein Knöllchen einhandelte, dann aber ungerührt ohne Beleuchtung weiterfuhr und außerdem während der Fahrt noch mit seinem Handy telefonierte. Als die Polizei ihn erneut anhielt, forderte er die Beamten auf, alle Vorwürfe zurückzunehmen und verwies auf einige Semester Jura-Studium. Was die Polizei indes nicht sonderlich beeindruckte: Sie stellte ihm erstens eine Anzeige in Aussicht und zweitens das Fahrrad sicher.*

Alles nur Figine

Die Leser rieben sich baff die Döppen, als der „Stern" ihnen 1983 etwas verkasematuckelte, was sich „Sensation" schmuste: Die Fleppe habe Hitlers Tagebücher gebickt – und was drinsteht, könne man demnächst im „Stern" dibbern. War aber alles Figine. Ein Seeger hatte die Tagebücher selbst makeimt und den „Stern" gelinkt.

Schon 100 Jahre zuvor gab es im Münsterland eine ähnliche „Sensation": In einem Kaff namens Bevergern, so wurde rakawelt, habe man in einem alten Schapp ein Buch von Martin Luther gefunden – dem Gallach, der vor 500 Jennikes die 95 Thesen an die Tifteltür in Wittenberg dellte und damit auslöste, was uns später in den Geschichtsbüchern als „Reformation" verknickert wurde. Der Obermacker von Brandenburg, der sich damals Kurfürst schmuste, habe die Fleppe dem Luther geschenkt, hieß es.

Das Buch machte 1890 hamel Furore im Münsterland und weltweit Schlagzeilen. Und Seegers, die hamel Zerche davon hegen, laberten sich die Gosche fusselig, ob es nun Fiole sei oder nicht.

Bis ein Pauker vom Paulinum herausfand: alles nur Figine. Ein Kower aus Bevergern und ein Fememalocher aus Münster hatten gemeinsam Schmuh gemacht, das Ding war in einem Beis an der Rothenburg makeimt worden. Und die beiden Figinenköster hatten es schon für 10 000 Mark an einen anderen Seeger verscherbelt.

Interessant noch, was der Fememalocher ausbaldowert hatte, damit das Buch so ausrointe, als wäre es hamel alt: Er hatte es auf einer Plumpsbräse unter das Sitzbrett gedellt, damit der Schontemief aus der Jauchegrube für schnelle Alterung sorgte …

Es gibt halt immer wieder Seegers, die meinen, sie könnten mit Schonte Moos machen. Aber war laulone mit Moos: Die beiden Figinenköster bewirchten neun Monate Stillepenn – und mussten außerdem für den Kadi blechen.

Fälschung: *Im Jahre 1890 machte ein Buch internationale Schlagzeilen, das ein Gastwirt aus Bevergern, wie berichtet wurde, in einem alten Schrank gefunden hatte. Es handele sich um ein Buch aus dem Besitz des Martin Luther, so hieß es. Der Kurfürst Joachim I. habe es bei den Gebrüdern Aldegrever in Auftrag gegeben und Luther zum Geschenk gemacht. Über die Echtheit des Werkes entbrannte ein langer Gelehrtenstreit – bis der Gymnasialprofessor Dr. Joseph Wormstall es als Fälschung entlarvte. Ein münsterischer Graveur hatte das Buch im Hause Rothenburg 23 fabriziert. Der Wirt und der Graveur wurden wegen gemeinschaftlichen Betruges zu neun Monaten Gefängnis verurteilt.*

Wo die Kalinen shoppen schemmen …

Wennze heute durch die Altstadt-Strehlen scherbelst, die sich Fußgängerzonen schmusen, kannze dir kaum vorstellen, dass das alles mal ganz anders ausgeroint hat. Damals, als viele Seegers, wenn ein Anim rakawelte „Schemmze mit zum Shoppen?“, noch glaubten, sie bewirchten einen Schoppen Wein – damals also, da pästen noch schumme Wuddis durch die Strehlen, in denen die Kalinen heute shoppen schemmen …

Als Ende der 60er Jennikes aus der Ludgeristrehle eine Maukenschemmer-Strehle werden sollte, gab es ein großes Palaver. Denn viele Masemattenfreier, die da einen Laden oder gar ein Bickbeis hatten, hatten More, dass die Leute nicht mehr zum Bicken und Blechen kommen, wenn sie nicht mit dem Wuddi bis vor die Tür päsen können. Und ganz ähnlichen Brassel gab es, als ein paar Jennikes später die Wuddis vom Prinzipalmarkt verbannt werden sollten. Dabei schmusten die Münsteraner den Prinzipalmarkt schon damals ihre „gute Stube“ – und wer hat schon mal gedibbert, dass in einer guten Stube Wuddis rumpäsen?

Aber es brauchte keiner wirklich Muffe zu haben, dass die Schauter und Schicksen nicht mehr zum Scherbeln und Shoppen kämen. Im Gegenteil: Es kamen immer mehr, die Ludgeristrehle ist seit vielen Jennikes Münsters meistbeschemmte Bickstrehle. Und wennze mal am Samstagmorgen übern Prinzipalmarkt schemmst, dann kannze manchmal vor lauter Leuten kaum noch das Pflaster dibbern.

Gut also, dass die Stadt damals trotz des Muffensausens die Wuddis ausgebremst hat. Nur deshalb hat Münster heute so jovle Maukenschemmer-Strehlen.

Und inzwischen wissen auch alle Seegers, wie Shoppen geht: Das ist, wenn die Kalinen langsam durch die Strehlen scherbeln, die Schaufineten bekneistern und ein bisschen Knete verteilen, hier ne tofte Kowe bicken, da eine neue Plinte, dort ein Paar Masminen oder eine schuckere Chatte. Aber inzwischen funktioniert auch die Sache mit dem Schoppen: In Münsters Maukenschemmer-Strehlen gibt es genügend Kaschemmen, wo man sich, während andere shoppen, eine Schawele Wein picheln kann. Oder auch ne tofte Lowine.

Fußgängerzonen: *Als die Ludgeristraße in den 60er Jahren zunächst verkehrsberuhigt und dann als erste Fußgängerstraße ausgewiesen wurde, gab es viele Bedenkenträger. Und ganz ähnlich war es auch, als einige Jahre später die Autos vom Prinzipalmarkt verbannt wurden. Viele Kaufleute fürchteten, dass Kunden und Umsätze ausblieben, wenn man nicht mehr mit dem Auto bis vor die Ladentür fahren könne. Aber das Gegenteil ist eingetreten, wie man heute weiß.*

Lowinen vonne Grevener Strehle

Wennze früher in Münster ne Lowine picheln wolltest, hat der Kower dir fast immer nen Germania-Glas auf die Theke gestellt. Denn die meisten Kneipen, Kaschemmen und Tackoachilkabachen hier in der Bendine verscherbelten Germania-Bier.

Ömmes: Germania war mal eine ganz große Lowinerie und hat hamel Reibach gemacht. Zeitweise haben die Seegers an der Grevener Straße mehr als 600 000 Hektoliter pro Jahr makeimt. Das sind pro Woche fast 1,2 Millionen Lowinenliter – und damit genug, um jede Woche eine große Plümpse zu füllen … Stadtbekannt war auch der Traditionswuddi der Lowinerie, der von vier schummen Kaltblut-Zossen gezogen wurde.

Die Werbung schmuste: Germania-Bier – ein Grund zum Picheln. Aber viele Münsteraner haben immer an den Germania-Lowinen rumgenörgelt. Wie schon die Bibel schmust: Der Prophet gilt nix in der eigenen Bendine. Einige rakawelten, die Lowine schmecke schofel, andere schmusten das Germania-Edel-Pils „Germania-Ekel-Pils" – und so mancher Stussmann, der zu viel geschickert hatte und am anderen Tag einen schummen Schero hatte, schob es auf die Germania-Lowine.

Vermutlich hat diese Nörgelei auch dazu beigetragen, dass Germania 1963 mit einer Lowinerie aussem Kohlenpott zusammengelegt wurde. Und 1984 war dann endgültig Schicht: Die Lowinen-Makeime an der Grevener Strehle wurde eingestellt.

Aus der Germania-Brauerei wurde damals die Germania-Therme, eine Jontef-Plümpse – aber nicht mit Bier, sondern mit Pani. Doch inzwischen ist auch die längst vergessen. Heute kannze hier den Germania-Campus dibbern – ein Ker mit vielen Läden, Wohnungen und natürlich Kaschemmen. Aber Germania-Lowinen kannze da nicht mehr picheln …

Germania-Bier: *Die Ursprünge der Germania-Brauerei gehen zurück auf die Dombäckerei am Spiekerhof, wo schon seit dem 13. Jahrhundert Bier gebraut wurde. 1890 übernahm Friedrich Dieninghoff die Brauerei, 1899 wurde sie zur Grevener Straße verlegt. Um 1960 gehörte die Germania-Brauerei mit einem Jahresausstoß von über 600 000 Hektolitern zu den großen deutschen Brauereien. 1963 fusionierte sie mit der Dortmunder Union-Brauerei, 1984 wurde die Produktion in Münster geschlossen. Heute befindet sich auf dem ehemaligen Brauerei-Gelände der Germania-Campus mit vielen Läden, Büros, Praxen, Wohnungen und natürlich Kneipen.*

Muckere Verkehrsfunzeln?

Grüne Welle is, wennze mit deinem Wuddi tacko durchs Kaff päsen kannst, ohne dasse an jeder Verkehrsfunzel auffe Bremse latschen muss. Ob es auch in Münster ne grüne Welle gibt, darüber zoffen sich die Seegers, die von sowas Zerche hegen. Die einen rakawelen, auf den großen Strehlen gäb's ne jovle grüne Welle, aber man könne das natürlich nicht für alle Strehlen bewirchen. Die anderen schmonseln, das wäre alles nur Figine, auf Münsters Strehlen wär laulone mit grüne Welle.

Dabei hat die Stadt-Mänglowation vor einiger Zeit noch mal hamel viel Knete in die Feme genommen, um neue Programme für die Verkehrsfunzeln zu bicken – solche, die automatisch die Strehle frei machen. Man sollte sich das so vorstellen, haben sie uns verknickert: Die Verkehrsfunzel muckert, wie viele Wuddis über die Strehle päsen und baldowert dann ganz alleine aus, wie sie rot, grün und gelb mänglowiert, damit möglichst viel grüne Welle rauskommt und die Wuddis locker durchpäsen können. Keine Zerche, wie die Ampel-Makeimer das ausklamüsert haben – aber ich hatte immer das Gefühl, dass die Verkehrsfunzel meinen Wuddi nicht richtig dibbert …

Und irgendwann haben die Strehlen-Spezis der Stadt auch zugegeben, dass das Funzelprogramm, obwohl es hamel jackes war, nicht so richtig funktioniert. Die Technik, so schmusten sie, sei noch nicht mucker genug.

Übrigens: Es gibt ja Seegers, die behaupten, es gäbe nur deshalb in Münster so viele Leezen, weil die grüne Welle für Wuddis nicht funktioniert – also, dass die Autofahrer von den Verkehrsfunzeln nerbelo werden und dann auf den Knetemann umsteigen. Obwohl: Irgendwann werden sie muckern, dass es für Leezenritter auch nicht immer grüne Welle gibt …

Grüne Welle: *Auf der Suche nach der optimalen „grünen Welle“ hat die Stadt im Rahmen eines Modellversuchs auf mehreren Straßenzügen noch mal richtig investiert: Eine „adaptive Ampelsteuerung“, die die Ampelschaltung auf der Basis des aktuellen Verkehrsaufkommens alle 20 Minuten neu berechnet, sollte es bringen. Aber die Steuerung funktionierte nicht so, wie die Planer sich das vorgestellt hatten. Die Technik, so hieß es anschließend, sei doch noch nicht ausgereift …*

Halle Münsterland

Wo es Seeger-Schweiß maimelte …

Die Halle Münsterland schmust sich heute Messe und Congress Centrum, sieht hamel schucker aus und macht gerne einen auf Kultur.

Das war nicht immer so. Als die Halle 1926 eröffnet wurde, schemmten da vor allem Knäbbels ein und aus. Denn da kam in dem Beis jede Menge Beheime unter den Mottek, da wurden Zossen, Poren und Schassörkes verscherbelt. Und manche rakawelten später, eigentlich habe es in der Kabache immer ein bisschen nach Pore zirocht.

Später kam der Mief aus anderen Poren – aus Macker-Poren: Beim Catchen maimelte es im Ring regelmäßig Seeger-Schweiß. Keine Zerche, was Catchen ist? Das ist wie Ringen ohne Regeln – wenn die schummen Schauters sich gegenseitig mit dem Schero dellten oder in die Zomen-Zwinge nahmen, den anderen Arme, Lauscher und Zinken verdrehten oder ihnen einen Knoten in die Zomen makeimten. Und die Kneisterer in der ersten Reihe hatten nicht selten Muffe, dass so ein schwitzender Doppelzentner mal durch die Seile flog und auf ihrer Kowe landete. Zumal mancher Catch-Macker so schofel ausrointe, dasse ihm lieber nicht im Dunkeln am Scharett begegnen wolltest …

Dann gab es noch die Sechstagerennen. Musse dir mal reinziehen, die sind sechs Tage lang mit der Leeze immer um die Runde gepäst. Da floss natürlich auch viel Seeger-Schweiß. Und viele Lowinen. Denn die Kneisterer haben sich hamel einen gepichelt, während die anderen mit dem Knetemann malochten. Heute ist laulone mit Sechstagerennen in der Halle, auch in anderen Käffern gibt's die kaum noch.

Eigentlich schade. Denn im Gegensatz zur Doppelzentner-Dellerei würde so ein Knetemänner-Korso der Leezen-Hauptstadt Münster doch jovel ins Ponum passen …

Roint heute hamel schucker aus: die Halle Münsterland. Wo es früher Seeger-Schweiß maimelte, sprudelt heute das Pani.

Halle Münsterland: *Die 1926 eröffnete Halle Münsterland ist das größte Veranstaltungszentrum der Region. Bildeten in den Anfangsjahren die landwirtschaftlichen Veranstaltungen einen Schwerpunkt, sorgten später sportliche Events vom Catchen bis zum Sechstagerennen für Highlights. Seit 2009 firmiert die Halle als Messe- und Congress-Centrum – ein neuer Name, der die „Multifunktionalität und Modernität des Veranstaltungszentrums" besser kommunizieren soll, wie es in einer Selbstdarstellung heißt.*

Knirften vom Obermacker

Wenn der Obermacker im Ratbeis, also der Seeger, der sich Oberbürgermeister schmust, also wenn der auf'm Prinzipalmarkt Knirften verteilt – dann ist „Hansemahl".

Ursprünglich hatte die Hanse nix mit Knirften zu tun – wohl aber damit, dass die Münsteraner genug zu achilen hatten. Denn die Hanse war im Mittelalter ein Verein von Käffern, die sich zusammengetan hatten, um ihre Sore besser verschachern und verscherbeln zu können – in Münster vor allem Backmänner, Lowinen und Kowe. Hat auch hamel funktioniert: Münster ging es richtig jovel, damals wurde so manches schuckere Beis am Prinzipalmarkt gebaut, auch das Ratbeis und die Lamberti-Tiftel.

Welche Käffer damals alle mitgemacht haben, kannze dibbern, wennze die Salzstrehle entlangschemmst. Da haben die Lapanenmalocher Backmänner aus vielen Hanse-Käffern auffe Strehle eingebaut – unter anderem von Lünen und Lübeck, Hameln und Hamburg, Bergen und Braunschweig.

Heute ist die Hanse eher ein Verein, der die Erinnerung an die alte Hanse-Mischpoke pflegt. Immer im Mai gibt's den Hansetag. Und in Münster die Hanse-Achile. Das ist eine schuckere Tafel auf dem Prinzipalmarkt, die ganze Strehle rauf und runter. Da kannze dich vors Ratbeis setzen und hamel spachteln und picheln. Denn da gibt's Karos für kotenes Moos, dazu natürlich Wein und Lowinen, Pani und Schokelamai.

Was besonders jovel ist: Viele Masemattenfreier, also Seegers und Kalinen, die in der Stadt einen Laden haben und da was verscherbeln, spielen den Kower. Und auch der Obermacker aus dem Ratbeis macht mit. Kannze dich also endlich mal vom OB bedienen lassen: „Seeger, tu mich noch mal ne Knirfte!"

Hansemahl: Münster gehört dem *Internationalen Hansebund an, der an die Tradition der mittelalterlichen Hanse anknüpft. In diesem Zusammenhang veranstalten die Mitgliedsstädte einmal im Jahr einen Tag der Hanse – der in Münster mit einem Hansemahl begangen wird. Zu diesem Zweck wird an einem Sonntag im Mai auf dem Prinzipalmarkt eine festliche Tafel aufgebaut, an der Bürgerinnen und Bürger vom Oberbürgermeister und den Kaufleuten bewirtet werden.*

Die Plinten-Premiere

Wennze das heute einem verknickern willst, dann bekneistern dich die Leute, als wennze meschugge wärst. Aber 1970 war es tatsächlich ein Skandal, als eine Kaline mit Plinten auftrat. Na ja, nicht auffe Strehle – aber im Bonner Bundesbeis, wo damals die Labertruppe tagte, die sich Bundestag schmust. Ein Obermacker hatte kurz vorher noch rakawelt, er werde es keinem Anim erlauben, das Beis mit einer Plinte zu betreten. Das fand eine Sozi-Kaline aus Peine hamel schofel – sie bickte sich einen hellen Kaftan mit Plinte und teilachte so ans Rakawelenpult.

Das machte manche Seegers reineweg nerbelo. Jedenfalls bekam die Kaline viele schofele Briefe, in denen sie beschimpft wurde. Und die Plinten-Kowe machte bundesweit Schlagzeilen.

Wovon kaum einer Zerche hegt: In Münster fand die Plinten-Premiere schon sechs Wochen vor der Bonner Bosse statt. Ein Anim ausse SPD-Mischpoke schemmte mit einer schuckeren Plinten-Kowe zur Sitzung im Ratbeis. Aber war laulone mit Skandal. Kann sein, dass die Münsteraner hamel mucker waren und schon damals jovel fanden, was sich heute Gleichberechtigung schmust. Kann aber auch sein, dass sie gar nicht richtig gemuckert hatten, was da im Ratbeis passiert war. So wie der damalige Obermacker, der sich Oberbürgermeister schmust. Er rakawelte später, er habe gar nicht gedibbert, dass die Kaline mit einer Plinte gekommen sei …

Hosenanzug: *Als die SPD-Bundestagsabgeordnete Lenelotte von Bothmer im April 1970 als erste Frau mit einem Hosenanzug im Deutschen Bundestag auftrat, machte sie bundesweit Schlagzeilen – und löste einen mittelprächtigen Skandal aus. In Münster hatte der Hosenanzug, vorgeführt von der SPD-Ratsfrau Rosemarie Kaltegärtner, schon sechs Wochen vorher Premiere – allerdings ohne vergleichbares Echo.*

Die Pömpel-Plinte

Was einige Münsteraner an einem Januarabend an einer Bickstrehle zu kneistern kriegten, war schon hamel nerbelo: Da fährt ein schummer Wuddi vor, der Beifahrer öffnet die Tür und hält seinen Zomen raus. Gleichzeitig kommt aus einem Klamottenladen ein Seeger angepäst, mänglowiert tacko was am Plintenbein und verschwindet wieder. Die Beifahrertür schließt sich, der Wuddi päst davon.

Was die Kneisterer nicht wissen können: Der Flunken mit der Bosse gehört dem Obermacker im Ratbeis – dem Oberbürgermeister, wie sich der schmust.

Und das kam so: Der OB hatte sich einen neuen Nobel-Kaftan gebickt, damit er mit seiner Kaline beim Schwofen auf dem Prinzenball jovel ausse Kowe roint. Aber als er abends den neuen Kaftan aus'm Schrank holt, dibbert er plötzlich, dass an der Plinte noch ein Plastikknubbel steckt – ein „Sicherheitspömpel", wie der OB schmust, also das Teilchen, das hamel Randale macht, wennze mit der Kowe, ohne zu blechen, aus einem Klamottenladen teilachst.

Maschemau, stöhnt der OB. Er kann ja nicht mit dem Pömpel auf'm Prinzenball rumschwofen. Hinterher denkt die ganze Mischpoke noch, er hätte den Kaftan geschort. Also versucht er auszubaldowern, wie man den Pömpel von der Plinte kriegt. Auch seine Koten mänglowieren an der Kowe rum. Vergeblich. Schließlich stoppt der OB die Fummelei – er will ja nicht mit nem Loch in der Bosse schwofen.

Also ruft der Oberbürgermacker beim Klamottenladen an. Kein Problem, sagt der Kowen-Spezi, er solle doch am Montagmorgen vorbeikommen. Zu spät, schmust der OB, er müsse ja jetzt zum Prinzenball.

Und so kam es, dass der OB vorm Schwof mit den Narren erst mal am Klamottenladen vorbeipäsen musste. Zwecks Entpömpelung.

Hose: *Oberbürgermeister Markus Lewe hatte sich für den Prinzenball einen neuen Smoking gekauft. Doch als er ihn abends anziehen wollte, musste er feststellen, dass sich an dem Anzug noch ein Warensicherungsetikett befand. Mit dem er natürlich nicht auf dem Ball auflaufen wollte … Das Bekleidungshaus zeigte sich kundenfreundlich – und befreite den OB quasi im Vorbeifahren von dem unerwünschten Teilchen.*

Poofen im Mispel-Beis

In zahlreichen Käffern gibt es ein „Hotel am Ring", und in den meisten kann man jovel firchen. Aber wennze in Münster jemandem rakawelst, du hättest im „Hotel am Ring" gepooft, dann kann es sein, dass dem die Lobbe entgleist – und dass er dich bedibbert, als ob du meschugge wärst.

Denn in dem Beis am Friesenring ist laulone mit Komfort und Freundlichkeit. Die Firchen sind hart, es gibt keine Mini-Bar mit Lowinen und Pilo – und die Seegers und Kalinen, die da poofen, bewirchen nicht mal einen Schlüssel. Das Ganze roint auch nicht aus wie ein Hotel. Und wennze richtig knispelst, dann kannze kneistern, dass auf dem Backs auch nicht „Hotel" steht, sondern „Polizeipräsidium". Es ist die Mispel-Zentrale am Friesenring. Die hat einige Kabuffs, in denen schon mal solche Schauter und Schicksen ratzen dürfen, die irgendwo bei Randale oder Bambonum von der Mispel gechappt wurden. Oder die so pegelschicker waren, dass sie keine Zerche mehr hatten, was sie gerade makeimten. Und deshalb schmust der Volksmund das Beis „Hotel am Ring".

Im „Hotel am Ring" gibt's übrigens immer nur eine Firche für eine Nacht. Aber nicht weit entfernt steht ein Beis mit ähnlichem Komfort, wo man auch längere Zeit poofen kann – oder muss: das „Hotel Vierjahreszeiten", wie der Volksmund es schmust. Es ist das Stillepenn an der Gartenstraße – der Knast.

Übrigens: Wer mal in Münster im „Hotel am Ring" poofen wollte, ohne dass die Mispel auffe Matte stand – der konnte das bis vor einiger Zeit auch haben. Denn es gab hier auch ein schmierefreies „Hotel am Ring“ mit toften Firchen. Aber das stand nicht am Friesenring, sondern an der Steinfurter Strehle.

Hotels: *Der Volksmund kennt in Münster zwei Hotels, die in keinem Marketing- oder Tourismusprospekt stehen: das „Hotel am Ring“ oder „Hotel am Friesenring“ (Polizeigewahrsam im Polizeipräsidium am Friesenring) und das „Hotel Vierjahreszeiten“ (Justizvollzugsanstalt an der Gartenstraße). Übrigens: Es gab in Münster bis vor einiger Zeit auch ein „richtiges“ Hotel am Ring, und zwar an der Steinfurter Straße.*

Merkel, Matrelensuppe und Grünkohl

Seit 1956 lädt der Verein der Masemattenfreier – ein Verein, der unter anderem für die Förderung der Stadt und der Masematten (nicht der Rakawele, sondern der Maloche) malocht – einmal im Jahr zum Kramermahl. Und seitdem fragen sich die Münsteraner, warum dabei Grünkohl mit Matrelen und Bezinnum gefrengelt wird. Schließlich handelt es sich um eine Nobel-Achile, die im Ratbeis stattfindet und bei der die Seegers auch schon mal einen Frack tragen – oder wie der Kaftan mit den beiden Schlabberflügeln sich schmust …

Der Grund für den Grünkohl: Er macht mucker und gibt Schmackes. Eine, die das tacko gemuckert hat, ist die Berliner Chef-Kaline Angela Merkel.

Angela Merkel war Anfang 2005 im münsterischen Ratbeis, um die Fest-Rakawele bei der Nobel-Achile zu halten. Damals war sie noch nicht Chef-Kaline in Berlin, sondern Ober-Kaline der CDU. Und als sie gefragt wurde, was denn ihre Lieblings-Achile sei, da schmonselte sie: Hausmannskost – und vor allem könne sie jovel Matrelensuppe kochen.

Aber dann muss das Politik-Anim gemuckert haben, wieviel Schmackes ihr der Grünkohl bei der Frengel-Fete im münsterischen Ratbeis gegeben hat: Noch im selben Jahr wurde sie nämlich Chef-Kaline in Berlin – als erstes Anim überhaupt. Und als sie für das 2007 erschienene Buch „Das Parlament kocht“ nach ihrem Lieblingsrezept gefragt wurde, da rakawelte sie: Grünkohl mit Bezinnum.

Obwohl sie bekanntermaßen mit Grün und Kohl nicht so viel am Obermann hat, schwört das Politik-Anim offenbar auf Grünkohl. Und man kann sich gut vorstellen, was bei Merkels im Beis ambach ist, wenn der Vizekanzler mal wieder Tinnef labert oder der Monetenminister auf der Knete hockt: Dann schemmt Angela zum Herd und haut Grünkohl in den Pott …

Kramermahl: *Einmal im Jahr lädt der Verein der Kaufmannschaft zu Münster von 1835 zum Kramermahl, das im Festsaal des Rathauses stattfindet. Dieses Festmahl, das an eine alte Hansetradition aus dem Mittelalter anknüpft, gibt es in seiner heutigen Form seit 1956. Und seitdem ist die Menüfolge nahezu unverändert: Grünkohl mit Mettwurst und Kartoffeln sowie Stippmilch mit Pumpernickel. Besonders gut hat das Menü offenbar Angela Merkel gemundet, die 2005 als Ehrengast beim Kramermahl war: Kurz nach dem Grünkohl-Genuss wurde sie Bundeskanzlerin – und präsentierte ihn anschließend als Lieblingsrezept.*

Wenn die Mispel malocht …

Wennze am Kneisterkasten dibberst, dann könnze meinen, in Münster hätten Boofken und Bunken, Gannefs und Ganoven das Rakawelen. Ömmes: Kriminelles aus Münster gibt's auf allen Kanälen. In der ARD (Allgemeines Rakawelen-Depot) ermittelt Frank Thiel, im ZDF (Zweite Dibber-Figine) Georg Wilsberg. Und ganz Deutschland dibbert mit Jontef, wenn die münsterischen Mispel-Macker sich an die Maloche machen.

In der ARD, beim Münster-Tatort, macht Kommissar Thiel die Maloche. Der schumme Mispel-Macker roint manchmal etwas nerbelo ausse Kowe – aber wenn's drauf ankommt, ist er hamel mucker. Meistens hat er Stress mit einem Figinenköster, der sich Karl-Friedrich Boerne und Professor schmust. Der ist Schmarrer im Machullenpoofbeis, labert wie ein Panifall und mischt sich gerne in die Mispel-Maloche ein. Außerdem gehört ihm das Beis, in dem Thiel wohnt. Deshalb gibt's oft ein bisschen Zoff zwischen den beiden – aber am Ende haben sie die Ganoven immer am Wickel und schicken sie ins Stillepenn.

Beim ZDF mänglowiert Georg Wilsberg die Fälle. Der verscherbelt eigentlich alte Fleppen, aber weil er immer klamm mit Lowi ist, malocht er nebenher als Privatdetektiv, also als Schmalspur-Schmier. Der Seeger mit dem verknautschten Ponum ist meist ein bisschen schneller und muckerer als die Mispel – was die nicht immer jovel findet. Vor allem Kommissar Overbeck, der Figinenköster mit der großen Gosche, versucht immer wieder, Wilsberg eins auszuwischen – während Hauptkommissarin Anna Springer schon mal ein Rölleken zudrückt, weil sie den Seeger gut leiden kann.

Ermitteln in Münster: Frank Thiel (r.) von der Mispel und Karl-Friedrich Boerne, der sich Professor schmust.

Krimis: *Münster ist in der Krimi-Landschaft des deutschen Fernsehens gut vertreten. Im ZDF ermittelt Georg Wilsberg (Leonard Lansink), der eigentlich ein Antiquariat betreibt, aber aus finanziellen Gründen nebenher als Privatdetektiv tätig wird. Und im ARD-Tatort sorgt Kommissar Frank Thiel (Axel Prahl) gemeinsam mit dem Rechtsmediziner Prof. Karl-Friedrich Boerne (Jan Josef Liefers) seit vielen Jahren für Top-Einschaltquoten.*

Münsters jovelste Plümpse

Wenn früher der Lorenz knallte, dann juckelte halb Münster zum KÜ. Keine Zerche, was KÜ ist? Das ist die Kanal-Überführung – also die Brücke, die die Öle über die Ems führt. Und die „alte Fahrt“ von der Öle, durch die schon lange keine Pünte mehr päst, war Münsters größte Plümpse. Bis die Schauter von der Öle-Mänglowation das Pani abgelassen haben …

Sicher, der KÜ ist ganz schön jottwede. Da musste man mitte Leeze lange wullacken, bis man endlich am Pani war. Aber das war die Knetemann-Maloche wert, denn der KÜ war einfach jovel:

Erstens war da immer schwer was ambach. Und man traf jede Menge Seegers und Kalinen, die auch mit Handtuch, Badebosse und Lorenzcreme gekommen waren.

Zweitens konnze da hamel viel machen – und auch mal nen End Bezinnum auf den Grill legen, ohne dass gleich ein Paniseeger rumstänkerte.

Drittens war das Pani hamel tofte und ganz ohne Kniest. Manche rakawelten, es wäre das jovelste Pani von ganz Münster.

Viertens konnze da mal dibbern, was man sonst in Münster nicht zu kneistern kriegte, beispielsweise nen jovlen Körning. Denn am KÜ zogen Anims und Seegers schon mal blank – und ließen sich kowenlos vom Lorenz bescheinen.

Fünftens: Am KÜ brauchteste keine Knete zu blechen – war alles für lau.

KÜ: *Die Kanalüberführung (KÜ) ist ein Industriedenkmal aus dem 19. Jahrhundert, das den Dortmund-Ems-Kanal bei Gelmer über die Ems führt. Die für den Schiffsverkehr nicht mehr benötigte „alte Fahrt" entwickelte sich nach dem Zweiten Weltkrieg zu einem beliebten Freizeitparadies mit „Münsters größter Badewanne". Seit Mitte der 90er Jahre ist sie allerdings großenteils trockengelegt. Übrigens: Auch wenn es um „die" Kanalüberführung geht, heißt sie bei den Münsteranern meist „der"* KÜ.

Dumme Liese, hole Pani …

Halloween schmust sich der Tinnef, wenn Koten anne Tür dellen und labern „Süßes oder Saures" – und wo man, wennze denen nix Süßes gibst, noch More haben muss, dasse dir Jarikes anne Tür dellen oder Kaugummis ins Schlüsselloch stecken. Da kannze nur den Schero schütteln und dich fragen, warum die Koten nicht wie früher Lambertus spielen. Das war doch hamel jovel.

Ömmes! Wenn es dunkel wurde, teilachten die Koten auffe Strehle und bölkten: Kinder kommt runter, Lambertus ist munter. Und dann kamen die Koten alle angeschemmt – mit ner schönen Latüchte inne Feme. Die Funzeln wurden dann an ein Gestell gesteckt, das sich Pyramide schmuste. Das hatten die Koten vorher aus drei Holzlatten und viel Grünzeug mänglowiert.

Dann scherbelten die Koten im Kreis um die Pyramide und schallerten Lieder. Beispielsweise das Lied von der dummen Liese, die Pani holen soll – aber keine Zerche hegt, wie sie das makeimen soll, weil der Eimer ein bisschen machulle ist. Oder das Lied von dem Seeger, der einen Jäger losschickt zum Birnen schmeißen – und dann, weil der Schauter mit dem Püster keinen Bock auf Birnen hat, noch einen Keilof und einen Knüppel, den Jack und das Pani, eine Pore und den Katzow und schließlich noch den Teufel …

Und dann kam der Kirmes-Knäbbel. Ein Seeger verkleidete sich als Kneis – mit alter Kowe, Kiepe und Holz-Masminen

– und die Koten schallerten: O Bur wat kost't dien Hei? Der Knäbbel suchte sich nacheinander ein Anim und einen Koten, ne Magd und nen Knecht, nen Keilof und nen Pottlecker, mit denen er um die Pyramide schemmte. Und zum Schluss bekam der Bur nen Schubs. Wenn er mucker war, böschte er schnell plete. Oder er hatte Süßigkeiten inne Kiepe – denn dann vergaßen die Koten den Schubs.

Lambertus: *Im Münsterland ist das Lambertusfest ein alter Brauch, der früher vom 1. bis 17. September begangen wurde: Jeden Abend wurden mit dem Ruf „Kinder kommt runter, Lambertus ist munter" Mitspieler nach draußen gelockt, die dann gemeinsam um eine mit Laternen geschmückte „Pyramide" tanzten. Dazu wurden Lambertus-Lieder gesungen wie „Dumme Liese, hole Wasser", „Der Herr, der schickt den Jäger aus" oder „Was kommt dort von der Höh'?" Den Schluss bildete traditionsgemäß der Auftritt eines Bauern mit dem Wechselgesang „O Bur, wat kost't dien Hei?" Das Lambertusspiel gibt es heute noch, allerdings ist es seltener geworden.*

Pipilotti und Pippilotta

Wennze dibberst, was heutzutage alles als Kunst verscherbelt wird, könnze echt nerbelo werden. Da gibt es Bilder, die kommen für mehr als 100 Millionen untern Mottek. Und du denkst: Roint das nicht genauso aus wie das Zeug, das unser Koten immer malt?

Ömmes, und dann dibberste in der Tagesfleppe, dass das neue Landesmuseum – das Beis, für das der Landschaftsverband rund 50 Millionen inne Feme genommen hat – für den Innenhof eine Videomaloche von Pipilotti gebickt hat. Für 200 000 Euro. Da brummt dir der Schero: Pippilotta Langstrumpf – das ist doch die kotene Ische mit den schofelen Zöpfen, die mit ihrem Zossen, den sie „Kleiner Onkel" schmust, in einem kunterbunten Beis haust. Und die immerfort solchen Tinnef verzapft, dass die Erwachsenen kolone werden und die Koten hamel Jontef haben.

Aber dann holst du dein Roineisen, kneisterst nochmal und dibberst: Das Anim, das die Video-Figine fürs Museum makeimt hat, heißt gar nicht Pippilotta, sondern Pipilotti. Pipilotti Rist. Und die Leute, die hamel Zerche von der Sache haben, die rakawelen, dass das eine weltberühmte Video-Mänglowiererin aus der Schweiz ist.

Hat das Ganze also laulone was zu tun mit dem Zopf-und-Zossen-Anim? Doch! Denn die Figinenkösterin aus der Schweiz heißt eigentlich Elisabeth Charlotte – aber sie schmust sich Pipilotti. Warum? Weil sie schon als Koten Pippilotta Langstrumpf so jovel fand …

Im neuen Beis des Landesmuseums gibt's auch was von Pipilotti zu dibbern …

Landesmuseum: *Das neue Landesmuseum für Kunst und Kultur am Domplatz, das der Landschaftsverband Westfalen-Lippe für rund 50 Millionen Euro errichtet hat, bekam zur Eröffnung 2014 ein Geschenk besonderer Art, das seitdem im Innenhof des Hauses zu sehen ist: eine Videoprojektion mit dem Titel „Münsteranerin“, die die Schweizer Künstlerin Pipilotti Rist eigens für diesen Raum konzipiert hat. Die Finanzierung der 200 000 Euro teuren Arbeit übernahmen die „Freunde des Museum“ mit Unterstützung des Landes.*

Die jovlen Jebberos

In Münster gibt es viele Seegers und noch mehr Kalinen, die gerne einen weiten Umweg machen, damit sie mit dem Wuddi oder mit der Leeze nicht durch den Ludgerikreisel päsen müssen, weil ihnen da zu viel Hallas ist. Aber es gibt auch welche, die finden den Kreisel hamel jovel und böschen gerne dort rum: die Jebberos.

Ömmes, der Kreisel ist ein Paradies für Jebberos. Tagsüber, wenn die Wuddis um den Kreisel päsen, kannze das nicht so muckern – aber wennze abends mal langsam da rumschemmst, dann kannze dibbern, dass der Kreisel voller Karnickel ist. Und was das Tofteste ist: Trotz der vielen Wuddis, die tacko um den Kreisel päsen, dibbert man eigentlich nie ein Jebbero, das machulle gegangen ist und mulo auffe Strehle liegt.

Keine Zerche, warum das so ist. Eigentlich kann das nur zwei Gründe hegen:

Entweder beschäftigt ein Kower aus der Innenstadt einen Karnickel-Kurier, der die Jebberos, wenn sie mit einem Wuddi zusammenstoßen sind, gleich einsammelt und in die Küche bringt. Wo sie tacko in der Pfanne landen und so die Achilen-Fleppe bereichern.

Oder die münsterischen Jebberos sind so mucker, dass sie sich nicht überpäsen lassen. Vermutlich haben die längst ein Kreisel-Gen inne DNA, oder wie sich das Ding schmust, wo die Backmänner des Lebens verzeichnet sind. Und das rakawelt ihnen: Immer schön auf dem Kreisel bleiben, dann habt ihr eure Ruhe – keine Seegers, keine Wuddis, keine Keilofs, kein Brassel.

Ludgeri-Kreisel: *Der Ludgeriplatz ist Münsters größter und ältester Kreisverkehr, er wird täglich von bis zu 38 000 Autos und 12 000 Fahrrädern frequentiert. Und er hat eine Besonderheit: Auf dem Rondell leben jede Menge Kaninchen – offenbar unbeeindruckt von dem Verkehr, der sie rund um die Uhr umtost.*

Die über die Strehle päsen

42 Kilometer. Früher sind die Leute nur so weit geteilacht, wenn sie eine Schlacht verkimmelt oder gewonnen hatten. Beispielsweise bei einem Kaff, was sich Marathon schmuste. Und damals konnte sich keiner vorstellen, dass man das mal aus Jontef macht.

Aber heute ist das so. Da gibt es Seegers, die tagsüber einen auf Schreibtischmalocher machen, nach Feierabend die Sportplinte anziehen, durch die Bendine beschen und am Wochenende mal irgendwo zweiundvierzigkommasoundso Kilometer päsen – und dann strunzen, sie fänden das hamel jovel. Und das Ganze schmust sich heute Marathon.

In Münster gibt's den Marathon seit 2002. Jedes Jahr im September tippeln Tausende von Anims und Seegers durch Münsters Strehlen. Und die schnellsten päsen schon über die Ziellinie am Ratbeis, wenn der schumme Zeiger vom Osnik noch keine drei Runden gedreht hat. Musse dir mal vorstellen, mehr als 40 Kilometer in weniger als drei Stunden. Da musse ja schon mit der Leeze ganz schön schanägeln, dasse das schaffst.

Wennze in Münster zum Marathon schemmst, kannze nicht nur Anims und Seegers sehen, die über die Strehle päsen, sondern auch ein Jontef-Programm – mit viel Musik, mit großen Figinenköstern, die auf langen Holzzomen über die Strehle scheften, oder mit kuranten Ischen, die mit kurzen Röcken und bunten Püscheln übers Pflaster böschen.

Münster-Marathon: *Der Volksbank-Münster-Marathon findet seit 2002 jährlich im September statt, er gehört zu den zehn teilnehmerstärksten Marathon-Läufen in Deutschland und ist schon mehrmals zum beliebtesten Marathon in Nordrhein-Westfalen gewählt worden. Seit 2006 wird auch ein Staffelmarathon für Teams mit vier Läufern angeboten. Rund um den Zieleinlauf auf dem Prinzipalmarkt gibt es ein unterhaltsames Rahmenprogramm – beispielsweise mit mystischen Stelzenwesen, Cheerleader-Gruppen, Akrobaten und verschiedenen Bands.*

Belgen und Hügen

Wer zum ersten Mal über den Mühlenhof schemmt und dort ein Knäbbelbeis nach dem anderen bedibbert, der fragt sich womöglich: Wer hat das eigentlich alles beribbelt? Wenn die Seegers vom Hoff das hören, schmergeln sie stikum – und rakawelen: Für den ganzen Hoff habe man kaum Knete gebraucht – nur Theo Breider. Denn der habe das alles zusammengequasselt.

Ömmes: Fast alles, was es im Museum am Aa-Pani zu bekneistern gibt, haben irgendwelche Knäbbels oder andere Seegers und Kalinen dem Mühlenhof geschenkt. Und manche hat Theo Breider so belabert, dass sie dem Mühlenhof nicht nur was geschenkt haben – sondern auch noch dafür beribbelt haben, dasse ihm was schenken durften …

So wie jener Pillen-Makeimer aus dem Münsterland, der beim Aufräumen in seinem Chalobeis über ein altes Ackergerät stolperte, das schon leicht kapores war. Vielleicht kann der Seeger auf dem Mühlenhof das noch gebrauchen, schmuste er zu sich selbst und griff zum Laberknochen.

Als er mit dem Mühlenhof-Seeger rakawelt hatte, war der Pillen-Makeimer baff: Eigentlich hatte er Theo Breider verknickern wollen, dass der sich das Gerät abholen könne – aber nun hatte er ihm zugesagt, er werde mit dem Wuddi vorbeikommen und es ihm bringen. Und als er ein paar Tage später mit dem Wuddi zum Mühlenhof päste, ging es so weiter: Der Pillen-Makeimer schuckte Theo Breider auch den Zaster, damit ein Feme-Malocher das Gerät reparieren konnte. Und unterschrieb zu guter Letzt eine Fleppe, dass er Mitglied und nun regelmäßig Moos an den Mühlenhof blechen werde …

Ein früherer Obermacker von Münster hat aus Jontef mal über Theo Breider gereimt: „Kein Mensch hat ohne Raub und Mord in Münster so viel Geld geschnorrt.“ Wäre er ein Masemattenfreier gewesen, dann hätte er stattdessen vermutlich rakawelt: „Im Belgen und im Hügen, kannze Theo nie besiegen.“ Ömmes!

Im Mühlenhof gibt es so manches Knäbbelbeis zu dibbern.

Mühlenhof: *Das Freilichtmuseum Mühlenhof am Aasee geht im Wesentlichen auf die Initiative des früheren Verkehrsdirektors Theo Breider zurück, der die Bockwindmühle und etliche andere historische Gebäude aus Westfalen und dem Emsland nach Münster geholt und hier wieder aufgebaut hat. Er hatte ein ganz besonderes Talent, andere Leute für die Mühlenhof-Idee zu begeistern – und sie zum Schenken, Spenden und Sponsern zu bewegen.*

Münsters muckerste Mispel

Wennze an einem Samstag mal auf den Prinzipalmarkt dibberst, ist der sowas von voll, dasse kaum einen Zomen an'n Boden kriegst: Tausende, die übers Pflaster schemmen, Hunderte, die mit der Leeze unterwegs sind – und zwischendurch immer mal wieder ein schummer Bus. Da denkt so mancher Macker, wäre doch jovel, wenn hier jemand den Verkehr regeln würde.

Und das war tatsächlich auf dem Prinzipalmarkt mal ambach. Als noch Wuddis durch Münster gute Stube päsen durften, stand bisweilen direkt vorm Ratbeis die Mispel mitten auffe Strehle und regelte mitte Feme den Verkehr.

Oft war es „Bubi" Gieseler, der da auffe Strehle stand: ein muckerer Seeger, schmucke Kowe, ein bisschen schumm und meist ein leichtes Schmergeln in der Schmiege. Deshalb schmusten viele ihn „Müpopo" („Münster populärster Polizist") – natürlich nur die, die keine Zerche vonne Masematte hegten. Denn die hätten den Seeger sicher „Mümumi" genannt – „Münsters muckerste Mispel".

Besonders jovel war es immer, wenn „Bubi" Gieseler am Heiligabend vor dem Ratbeis zwischen den Wuddis mänglowierte. Viele Wuddifahrer hielten dann an und stellten ihm kleine Geschenke vor die Zomen – mal ne Finne Schabau oder ne Kiste Lowinen, mal Pralinen, Blumen oder anderes Gedöns. Und irgendwann stand der Mümumi dann mitten in einer Geschenke-Burg und rointe ein bisschen wie ein Weihnachtsmann ausse Kowe.

Müpopo: *Müpopo war die Abkürzung für „Münsters populärster Polizist". So wurde viele Jahre der Polizeibeamte Karl-Heinz „Bubi" Gieseler tituliert, der in den 1960er Jahren auf dem Prinzipalmarkt den Verkehr regelte. Besonders eindrucksvoll wurde seine Beliebtheit am Heiligabend, wenn viele Autofahrer zu seinen Füßen kleine Geschenke für ihn und seine Kollegen deponierten – so dass er schließlich in einer kleinen „Geschenke-Burg" stand.*

Nen jovlen Stiefel geflemmt

Leider flemmen die Asse-Makeimer vom SC Preußen Münster heute nicht mehr erstklassig, und im Stadion an der Mottek-Strehle kannze keine Champions League kneistern. Aber wenn es 1951 schon die Schampus-Liga gegeben hätte, dann hätten die Preußen da mitgekickt – als deutscher Vizemeister.

1951 kamen die Preußen – überraschend, wie manche uns schmusen wollen – als Zweiter der Oberliga West in die Endrunde um die Deutsche Meisterschaft, die damals in Berlin ausgekickt wurde. Und da flemmten und fummelten sie so tofte, dass sie bis ins Endspiel pästen. Leider verkimmelten sie dort mit 1:2 gegen den 1. FC Kaiserslautern mit Fritz Walter (der drei Jennikes später auch noch als Obermacker in der Weltmeister-Elf kickte) – sonst hätten sich die Preußen deutscher Meister schmusen dürfen.

Die Preußen haben damals einen hamel jovlen Stiefel geflemmt, vor allem die Asse-Makeimer im Sturm um Adi Preißler, Sigi Rachuba und Fiffi Gerritzen (der im Endspiel das Tor für die Preußen makeimte). Und so wie die Seegers im Kohlenpott Helmut Rahn, den Schützen des Siegtreffers bei der Flemm-WM 1954, immer wieder belabert haben, „Helmut, erzähl mich dat Tor!“, dürften auch die Masemattenfreier in Münster damals rakawelt haben: „Fiffi, schmus mich nochmal, wie du die Asse reingemacht hast!“

Deshalb wurde seinerzeit auch vom „100 000-Mark-Sturm" rakawelt. Obwohl Knete damals bei der Flemmerei noch keine Rolle spielte – jedenfalls nicht offiziell, höchstens mal unter der Feme.

100 000-Mark-Sturm? Heute kannze über solche Zahlen nur noch schmergeln. Viele Bundesliga-Flemmer bewirchen soviel Knete in einer Woche. Und für das Moos, das die Figinenköster vom FC Bayern für den Asse-Makeimer Mario Götze geblecht haben, hätten sie mehr als 700 solcher Sturmreihen bicken können …

Preußen Münster: *Der SC Preußen Münster 06 gehörte 1963 zu den Gründungsmitgliedern der Bundesliga, musste die Liga aber schon nach einem Jahr wieder verlassen. Der größte Erfolg der Vereinsgeschichte liegt noch ein bisschen weiter zurück: 1951 erreichten die Preußen als Zweiter der Oberliga West die Endrunde um die Deutsche Meisterschaft und kamen bis ins Endspiel. Dort unterlagen sie dem 1. FC Kaiserslautern mit 1 : 2 und mussten sich mit dem Titel eines deutschen Vizemeisters zufrieden geben.*

Blücher und der Flemm-Verein

In Münster schmust sich zwar der bekannteste Flemm-Verein „Preußen" – aber als die Preußen damals nach Münster kamen, fanden die Münsteraner das überhaupt nicht jovel.

Das war 1802. Damals hatten sich die Preußen und die Franzmänner darauf geeinigt, dass Münster künftig zu Preußen gehört. Das sollte noch durch eine extra Fleppe bestätigt werden, die sich Reichsdeputationshauptschluss schmuste. Aber das ging den Preußen wohl nicht tacko genug. Im August 1802 marschierte General Gebhard Leberecht von Blücher – so schmuste sich der Seeger wirklich! – mit seinen Hegels in Münster ein. Und wohl auch deshalb rakawelte man später, wenn einer hamel schanägelt und forsch makeimt, der „geht ran wie Blücher".

Die Münsteraner waren hamel sauer, als die Preußen anschemmten. Sie hätten alle Türen und Fineten dicht gemacht, so heißt es, die Stadt habe wie machulle ausgeroint. Der alte Haudegen Blücher hatte nicht nur deshalb bald hamel Rochus auf die Münsteraner und bölkte: „Münster und die Münsteraner gefallen mich nicht."

So hatten viele Münsteraner hamel Jontef, als 1806 die Franzmänner einmarschierten. Napoleon – der kotene Korse, der sich Kaiser schmuste – kam zwar nicht selbst auf seinem Zossen, aber er schickte seinen kotenen Bruder Jerome, und Westfalen wurde Königreich. Doch der Jontef war bald vorbei. Die Franzmänner, so muckerten die Münsteraner tacko, waren auch nicht besser.

Und so waren viele Münsteraner vermutlich froh, als ein paar Jennikes später wieder die Preußen angeschemmt kamen. 1816 wurde Münster Oberkaff der preußischen Provinz Westfalen – und schmuste sich fortan Provinzialhauptstadt.

Der Flemm-Verein Preußen Münster wurde erst 1906 gegründet. Warum die Gründer ihn Preußen schmusten? Keine Zerche. Vielleicht hatten sie gehofft, die Asse-Makeimer gingen „ran wie Blücher" …

Preußen: *Im Mai 1802 einigten sich Preußen und Frankreich darauf, dass die Stadt Münster (und einige andere Gebiete) künftig zu Preußen gehören sollte. Eigentlich sollte dieser Vertrag noch per Reichsdeputationshauptschluss abgesegnet werden, aber General Gebhard Leberecht von Blücher wartete das nicht ab, sondern marschierte schon im August 1802 in Münster ein. Die Münsteraner waren stocksauer und straften ihn mit Missachtung: „Beim Einzug der Preußen waren Fenster und Türen aller Häuser geschlossen, kein Mensch ließ sich auf den Straßen blicken", heißt es in einer zeitgenössischen Quelle. Deshalb verwundert es nicht, dass 1806 die französischen Truppen gefeiert wurden, als sie in Münster einrückten. Aber die Freude währte nur kurz, unter französischer Herrschaft war es wohl auch nicht besser. Nach dem Wiener Kongress wurde Münster 1815 endgültig dem Königreich Preußen zugesprochen.*

Toftes Karo

Wennze mal ein Karo frengeln willst, das hamel jovel schmeckt, dann musse Pumpernickel bicken. Pumpernickel ist eine westfälische Spezialität – also wie man das makeimt, das wurde hier in der Bendine ausbaldowert. Und das ist gar nicht so einfach: Erst muss das Korn mehrere Stunden im Pani liegen und dann soll das Karo mindestens 16 Stunden im Ofen bleiben. Und wennze das Karo dann inne Feme nimmst, ist es fast schwarz – weshalb manche bei Pumpernickel auch von Schwattkaro rakawelen.

Warum sich das Karo Pumpernickel schmust? Manche rakawelen, Pumper sei ein altes Wort für den Furz, also die Öhme, die am Tokus austritt, und Nickel ein altes Wort für einen meschuggen Seeger – und das Ganze ein Hinweis auf die verdauungsfördernde Wirkung dieser Achile. Also: Wennze viele Knirften mit Pumpernickel frengelst, kannze öfter auf'n Schont.

Andere meinen, ein Soldat von den Franzmännern habe das Wort erfunden. Als der nämlich bei einem westfälischen Karo-Makeimer was zu achilen bicken wollte und man ihm ein Schwattkaro gab, fand der das hamel schofel und rakawelte, das sei allenfalls „bon pour Nickel" – also höchstens gut genug für Napoleons Zossen, der sich Nickel schmuste.

Aber egal ob Furz und Figinenköster oder Nickel und Napoleon: Pumpernickel ist eine jovle Achile, die nicht nur tofte schmeckt, sondern sich auch lange hält.

Pumpernickel: *Pumpernickel ist ein dunkles, fast schwarzes Brot, das ursprünglich nur aus Schrot und vollen Roggenkörnern hergestellt wurde. Es gilt als westfälische Spezialität. Über die Herkunft des Namens gibt es viele Deutungen. Eine Legende besagt, einer von Napoleons Soldaten habe angesichts des schwarzen Brotes gesagt, das sei allenfalls „bon pour Nickel" – also höchstens gut für Napoleons Pferd „Nickel".*

Der Promi-Schont

Als die Oberkaline der Muffen, Königin Juliana, 1971 mit ihrem Macker nach Münster teilachte, haben die Münsteraner hamel schanägelt, damit die Stadt tofte ausrointe. Und nicht nur das: Im Ratbeis haben Lapanenmalocher, Speismakeimer und Lötis direkt gegenüber dem Festsaal extra einen neuen schicken Schont makeimt. Und dieses Kabuff im Ratbeis wurde der vielleicht einzige Schont auf der Welt, der einen eigenen Namen bewirchte: Weil die königliche Kaline sich Juliana schmuste, nannten die Münsteraner den Ratbeis-Schont „Julchen".

20 Jennikes später hatte „Julchen" noch mal einen großen Auftritt. Als der sowjetische Außenminister Eduard Schewardnadse nach Münster päste, um hier mit dem deutschen Außenminister Hans-Dietrich Genscher über die Weltgeschichte zu palavern, wurde der Promi-Schont wieder aufgemöbelt. Und weil irgendeiner rakawelt hatte, dass Schewardnadse Weiß jovel fände, wurde das gesamte Schont-Zubehör von der Seife bis zum Handtuch in Weiß gebickt.

Maschemau, die Knete hätten sich die Münsteraner wohl sparen können. Als Schewardnadse miegen musste, hat er den normalen Seeger-Schont im Ratbeis benutzt. Und auch Juliana hat „Julchen" nie gedibbert.

Heute kannze „Julchen" leider nicht mehr bekneistern, 1998 wurde der Promi-Schont wieder beseitigt.

Rathaus-Toilette: *Als das niederländische Königspaar, Königin Juliana und Prinz Bernhard, 1971 die Stadt Münster besuchte, wurde im Rathaus extra eine neue Gästetoilette eingerichtet – die im Volksmund bald „Julchen" genannt wurde. Die königliche Besucherin hat die Promi-Toilette allerdings nicht benutzt und nie gesehen. Heute sucht man „Julchen" im Rathaus vergebens, 1998 wurde die Toilette wieder beseitigt.*

Paradies mit Pani

Was für Seegers und Kalinen ein Vier-Sterne-Hotel ist – also ein schuckeres Beis mit jovlen Poofen, tofter Achile und eigener Plümpse –, das sind die Rieselfelder für die Vögel. Wenn die Tralli-Vögel zwischen Europa und Afrika oder anderen chammen Bendinen hin und her päsen, dann machen sie gerne in den Rieselfeldern Station. Denn da finden sie mehr als 100 tofte Pani-Flächen, wo es hamel was zu picheln und zu spachteln gibt.

Das mit dem toften Pani war nicht immer so. Ganz im Gegenteil. Früher rointen die Rieselfelder echt schonte aus. Denn da dümpelte da das ganze Juhlepani von Münster vor sich hin, also alles, was beim Spülen und beim Schonten, beim Miegen und beim Maimeln so anfällt …

Und das Ganze war so entstanden: Als die Stadt im 19. Jahrhundert immer größer wurde, gab es immer mehr Juhlepani. Und immer mehr Brassel. Denn die ganze Muttke landete früher in der Aa und in der Ems, das Pani in diesen beiden Flüssen war hamel schofel, und die Schauter, die am Ufer wohnten, machten Randale. Deshalb wurden Anfang des 20. Jahrhunderts die Rieselfelder makeimt, wo das Schmuddel-Pani verrieselt wurde.

Natürlich hatten die Vögel von oben tacko gemuckert, was da ambach war – und die fanden das, auch wenn es stellenweise schofeles Pani war, hamel jovel. Das rakawelte sich unter den Vögeln rum, und es kamen immer mehr Flattermänner.

Doch dann bewirchte Münster eine neue Großkläranlage, ein Backs, wo das Juhlepani gereinigt wurde. Plötzlich dröppelte kein Pani mehr zu den Rieselfeldern, und im Stadtbeis wurden Pläne ausbaldowert, aus den Rieselfeldern ein Industrie-Ker zu machen. Aber da gab es hamel Stoof, viele Seegers und Kalinen schemmten auf die Strehle, um das Pani-Paradies für die Vögel zu retten. Mit Erfolg.

Ömmes. Heute schmusen sich die Rieselfelder „Europareservat“ – eine Edel-Bendine für Tralli-Vögel und andere Flattermänner. Aber es gibt da auch eine Extra-Bendine für alle Schauter und Schicksen, die hier mal rumtippeln und Vögel bekneistern wollen.

Rieselfelder: *Als Anfang des 20. Jahrhunderts in der wachsenden Stadt immer mehr Abwasser anfiel, wurden im münsterischen Norden die Rieselfelder angelegt. Auf zuletzt mehr als sechs Quadratkilometern wurden die Abwässer verrieselt, große Teile des Terrains standen ganzjährig unter Wasser – und entwickelten sich so zu einem idealen Rast- und Brutgebiet für zahlreiche Wasser- und Watvogelarten. Nach dem Bau einer Großkläranlage wollte die Stadt die Rieselfelder eigentlich in ein großes Industriegebiet verwandeln. Doch dagegen erhob sich lautstarker Protest, der schließlich auch Erfolg hatte. Heute sind die Rieselfelder ein Vogelschutzgebiet der Europäischen Union sowie ein beliebtes Naherholungs- und Naturerlebnisgebiet.*

Hamel einen anne Malme

Immer wenn die Stadt klamm mit Lowi war, ist sie zu einem Balachesen-Beis geschemmt und hat sich neues Moos besorgt. Und jetzt hat Münster hamel einen anne Malme. Mehr als 700 Millionen Euro. Von der Knete könnte man sich jeden Tag ein neuen Wuddi bicken – mehr als 50 Jennikes lang. Und wennze dir den städtischen Schuldenberg mal in Mark und in Heiermännern vorstellst und wennze mit den Heiermännern dann einen Turm baust, dann würde der – maschemau! – mehr als 500 Kilometer hoch … Da kannze doch reineweg nerbelo werden, wennze dir das reinziehst.

Aber jetzt haben die Figinenköster bei der Stadt wohl auch gemuckert, dass das so nicht weitergeht. Und deshalb ausbaldowert, dass sie ab 2020 nix Neues mehr auf Malme machen wollen. Nix Neues? Ömmes! Aber die Schotter-Strategen hegen noch keine Zerche, wie sie von dem „Monte Malme" oder dem Heiermann-Turm wieder runterkommen sollen.

Dabei gibt's im Stadtbeis eine Kabache, die sich „städtische Schuldnerberatung" schmust. Da kannze hinschemmen, wennze so viel anne Malme hast, dasse mehr an Zinsen blechen muss, als durch Stütze oder Maloche wieder reinkommt. Und dann schmusen die dir, wie man aus diesem Brassel wieder rauskommt. Da fragt man sich doch, warum die Schotter-Strategen von der Stadt da nicht mal hinscherbeln. Oder?

Steckt Münster also malmenmäßig hamel inne Schonte? Kann man so rakawelen. Aber wennze mal die anderen Käffer bedibberst, dann muckerste tacko, dass es in anderen Städten meist noch schofeler ausroint und die noch mehr anne Malme haben.

Schulden: *Die Stadt Münster hat mehr als 700 Millionen Euro Schulden – und es kommen vermutlich noch weitere hinzu. Die Stadt hat sich allerdings vorgenommen, ab 2020 ausgeglichene Haushalte vorzulegen und ohne neue Schulden auszukommen. Im Vergleich mit anderen Kommunen steht Münster aber keineswegs schlecht da: Unter den kreisfreien Städten in Nordrhein-Westfalen hat nur Düsseldorf eine geringere Pro-Kopf-Verschuldung.*

Skulptur 1

Schumme Kaventsmänner

Wennze mal vom Dom zur Aa schemmst, dann dibberste neben der Petri-Tiftel ein paar steinerne Kaventsmänner, die noch größer sind als ein hamel schummer Schauter. Und wennze die so bekneisterst, dann denkste, die haben wohl die Speismakeimer da vergessen, als sie vor mehr als 400 Jennikes die Tiftel makeimt haben.

Aber laulone. Die Kaventsmänner sind nicht im 16. Jahrhundert vergessen worden – ein Plastikmacker hat sie im 20. Jahrhundert makeimt. Für eine Ausstellung, die sich Skulptur-Projekte schmust: Seit 1977 schemmt die Kunst in Münster alle zehn Jennikes auffe Strehle und bekannte Figinenköster mänglowieren im Stadtbild rum.

Die Kaventsmänner waren 1977 bei der ersten Ausstellung die allererste Mänglowiererei, die fertig wurde. Die Münsteraner hegten damals noch keine Zerche von moderne Kunst – und waren echt baff, als sie die Dinger dibberten. Viele fanden das meschugge und laberten, ob das ein Denkmal für Speismakeimer oder für Goschen-Schmarrer sei? Später schmuste der Volksmund die Kaventsmänner „Tortenstücke".

Was kaum einer weiß: Die Kaventsmänner sind später noch mal durch die Bendine gepäst. Als drei Jennikes nach der Ausstellung immer noch nicht klar war, ob die Stadt für die Backmänner beribbeln will, kam der Figinenköster, der sich Ulrich Rückriem schmust, eines Tages mit einem schummen Wuddi und hat die Kaventsmänner wieder abgeholt. Er wolle mal dibbern, so rakawelte er, ob die Seegers und Anims in Münster die Dinger vermissen oder nicht. Eigentlich sollten sie nur für vier Wochen plete böschen, doch es kam anders: Sie landeten bei einem Schauter im Schwarzwald, der solche Mänglowierereien sammelt.

Aber einige Jennikes später kehrten die Kaventsmänner dann doch nach Münster zurück: als erste Mänglowiererei für die Skulptur-Projekte 1987. Und mittlerweile gehören sie fast schon so zum Stadtbild wie die Petri-Tiftel.

Die schummen Kaventsmänner an der Petri-Tiftel waren zwischendurch mal im Schwarzwald.

Skulptur: *Die Skulptur „Dolomit zugeschnitten" von Prof. Ulrich Rückriem war 1977 die erste, die für die seitdem alle zehn Jahre stattfindende Großausstellung „Skulptur-Projekte" aufgebaut wurde. Weil die Entscheidung über einen möglichen Ankauf und dauerhaften Verbleib sich hinzog, ließ der Künstler das aus neun bis zu 3,30 Meter hohen Steinblöcken bestehende Kunstwerk 1981 wieder abtransportieren. Aber 1986 kehrte es zurück – als erster Beitrag für die Skulptur-Projekte 1987.*

Skulptur 2

Labern statt dellen

Schon mancher Schauter, der zum ersten Mal über den Platz hinterm Ratbeis geschemmt ist, hat sich verwundert die Döppen gerieben: Was haben die Münsteraner denn da makeimt? Zwei Sitzbänke aus Stahl, die viel zu schumm, zu schwer und zu kalt ausroinen. Und außerdem Löcher haben: Wennze nicht mucker bist, kannze mit'm Tokus hinten durch die Lehne rutschen.

Aber wer die Kaventsmänner näher bekneistert, der muckert schließlich, dass es gar keine richtigen Sitzbänke sind – sondern Kunstwerke. Und das Ganze schmust sich „Toleranz durch Dialog". Keine Zerche, was das bedeutet? Also, das soll uns rakawelen: Wennze miteinander laberst, brauchste dich nicht zu dellen. Oder auch: Lieber mit der Gosche zoffen als mit der Plotte.

Wie die Bänke uns das verkasematuckeln? Nun, sie sollen an die Bänke im Friedenssaal vom Ratbeis erinnern – und irgendwie auch an alle anderen Bänke, auf denen die Seegers saßen, die den Westfälischen Frieden ausbaldowert haben. So ähnlich jedenfalls hat Eduardo Chillida – der Figinenköster aus Spanien, der die Bänke makeimt hat – den Münsteranern das verknickert.

Zuletzt gab es Stoof um die Bänke, weil sie unter den Mottek kommen sollten – denn das Balachesen-Beis, das die Kaventsmänner beribbelt hat, war klamm mit Lowi und wollte seine Kunstwerke deshalb verscherbeln. Doch dann drohte nicht nur Münsters Obermacker mit „Randale", das werde man sich nicht gefallen lassen. Andere rakawelten, die Bänke seien extra für Münster makeimt worden und der Ratbeis-Hof sei extra für die Bänke umgebaut worden – woanders seien die Kaventsmänner nur ein Stück Stahl. Aber inzwischen ist die Sache mit dem Verscherbeln vom Tisch, die Toleranz-Brocken bleiben in Münster.

Skulptur: *Im Innenhof des Rathauses, auf dem „Platz des Westfälischen Friedens", steht eine Skulptur des berühmten spanischen Bildhauers Eduardo Chillida – zwei eindrucksvolle Bänke aus Corten-Stahl. Der Künstler hatte sich vom Friedenssaal des Rathauses und vom Westfälischen Frieden zu dieser Arbeit inspirieren lassen, die zum Stadtjubiläum im Jahre 1993 aufgestellt wurde. Ihr Titel: „Toleranz durch Dialog".*

Schmusen uns was von Toleranz: die Bänke am Ratbeis, die ein Figinenköster aus Spanien makeimt hat.

Zoff mit Unterplinten

Es war kurz nach dem 11.11., also dem Tag, an dem die Karnevalisten in die neue Session päsen, als die Mispel bei einer münsterischen Narren-Mischpoke an die Tür dellte. Und anderntags stand in der Tagesfleppe: „Gerichtsvollzieher kassiert Spitzenhöschen".

Keine Zerche, was Spitzenhöschen sind? Das sind eigentlich Unterplinten für Kalinen, die aber schucker mänglowiert sind, weil man die ziemlich tofte dibbern kann, wenn die Anims beim Schwofen die Zomen fliegen lassen. Und weil die Macker beim Kneistern schon mal vor lauter Jontef „Spitze" bölken, heißen die Plinten „Spitzenhöschen" …

Was war passiert? Ein Karnevalsverein und sein Schwof-Korps hatten hamel Zoff. Sie stritten sich unter anderem darüber, wer bei der Schwof-Mischpoke das Rakawelen hat und wem die ganzen Klamotten gehören, mit denen sie auftreten. Und dann war der Obermacker des Schwof-Korps mit der ganzen Truppe und den Klamotten einfach ausgebüxt – also mit Püster, Plempen und Perücken sowie der gesamten Kowe von den Masminen bis zu den Spitzenhöschen.

Irgendwann landete der Zoff beim Kadi. Der fackelte nicht lange, sondern makeimte ein Papier, das die Paragrafen-Hegels „Einstweilige Verfügung" – also Tacko-Fleppe – schmusen. Da stand drin, dass der ausgebüxte Seeger die Klamotten wieder rausrücken muss. Und anderntags stand denn auch schon ein Kadi-Malocher, der sich Gerichtsvollzieher schmust, beim Ober-Schwofer vorm Beis, um die Brocken abzuholen.

Übrigens: Ein paar Wochen später hob das Gericht die Tacko-Fleppe wieder auf. Das Schwof-Korps bekam die Spitzenhöschen und die anderen Klamotten zurück. Und ein Jahr später kehrte die ausgebüxte Schwoftruppe zum Karnevalsverein zurück.

Karneval ist, wenn man trotzdem schmergelt …

Spitzenhöschen: *Zwischen der Karnevalsgesellschaft Paohlbürger und dem ihr angeschlossenen 1. Bischöflich-Münsterischen Offiziers-Corps gab es einen Streit, der schließlich beim Landgericht landete. Und das erließ mit viel Gefühl fürs richtige Timing am Tag vor dem 11. 11. eine Einstweilige Verfügung, die es dem Korps untersagte, unter seinem traditionellen Namen aufzutreten. Und drei Tage später ließ es die gesamte Korps-Ausstattung beschlagnahmen – was den Westfälischen Nachrichten die schöne Schlagzeile ermöglichte „Gerichtsvollzieher kassiert Spitzenhöschen".*

Schont-Sondersitzung

Die Malocher-Kabache des Stadtdirektors im Stadtbeis 1 hat eine Besonderheit, die es nicht mal im Büro des Oberbürgermackers zu bekneistern gibt: ein kotenes Kabuff mit Schont. Nun ist das ganze Backs nicht mehr ganz neu, der Schont muffte und der Mief päste bis ins Büro. Deshalb ließ die Stadt Lapanenmalocher und Lötis kommen und den Schont erneuern.

Weil die Stadt dafür hamel viel Knete blechen musste, wurden die Grünen mucker. Ob das wirklich nötig war, wollten sie wissen – und ob sie den Schont mal bedibbern könnten. Deshalb gab es in der Malocher-Kabache des Stadtdirektors etwas, was sich in der Behördenrakawele Ortstermin schmust – in diesem Falle wohl besser „Örtchentermin". Eine Schont-Sondersitzung gewissermaßen. Aber war natürlich laulone mit Sitzung, weil in das Kabuff höchstens zwei oder drei Seegers reinpassten. Und weil es da nur einen einzigen Sitzplatz gab. Den Schont eben …

Nachdem alle das Kabuff bekneistert hatten, wurde noch ein bisschen palavert. Und dann war die Schontebeis-Kneister-Sondersitzung auch schon vorbei.

Bliebe noch zu rakawelen, dass es auch Lob für die Schont-Sanierung gab. Von der CDU. Weil das alte Urinal – das ist ein Becken, in das die Seeger im Stehen reinmaimeln können – durch ein Klosett mit Sitzgelegenheit ersetzt worden war. Das sei jovel, so die CDU, weil diese wichtige Malocher-Kabache im Stadtbeis deshalb künftig auch von Anims genutzt werden könne …

Stadthaus: *Das Büro des Stadtdirektors im Stadthaus 1 verfügt über eine kleine Besonderheit: eine eigene Toilette. Als die vor einigen Jahren mal saniert werden musste, wunderten sich die Grünen über die Kosten, meldeten Diskussionsbedarf an und baten um eine Besichtigungsgelegenheit. Weshalb der Stadtdirektor gleich in die Offensive ging und alle im Rat vertretenen Parteien einlud zu einem Ortstermin – der in diesem Falle ein „Örtchentermin" wurde …*

Erst schickern, dann schmonseln

Am Prinzipalmarkt, direkt neben dem Ratbeis, steht ein Backs, das fast genauso schucker ausroint, aber etwas kotener ist: das Stadtweinbeis. Es hat vorne, an der Strehle, einen Balkon, von dem man den ganzen Prinzipalmarkt hamel bekneistern kann. Promi-Seegers und -kalinen, die nach Münster kommen, dürfen von da schon mal mit der Feme winken. Und natürlich der Prinz, also der Obermacker im Karneval, wenn er den Schlüssel fürs Ratbeis bewircht.

Viele hegen keine Zerche, warum das Beis Stadtweinhaus heißt. Weil früher so viele geflennt haben, wenn sie aus dem Ratbeis kamen? Laulone! In dem Beis wurde früher der Wein gebunkert. Musste dir mal reinziehen: Heute darfste im Ratbeis nicht mal mehr quarzen – und früher hat sich der Rat einen eigenen Weinkeller makeimen lassen?

Aber wofür brauchte der Rat den Weinkeller? Hat er den Wein verscherbelt, um Reibach für die Stadtkasse zu machen? Oder hat er ihn auch selbst geschickert? Da kann man sich ja vorstellen, was früher wohl in den Ratssitzungen ambach war: Womöglich hat der Obermacker, der sich Oberbürgermeister schmust, vor schwierigen Abstimmungen einen Schauter nach nebenan geschickt – ein paar schuckere Schawelen aus dem Keller holen. Erst schickern, dann schmonseln, dann schmergeln. Prost statt Protest. Einstimmig!

Andererseits: Wennze so dibberst und hörst, was heute im Rat ambach ist, wenn die da stundenlang zoffen und palavern –

dann denkste, könnte gar nicht schaden, wenn die auch mal ne Lowine oder ne Finne Wein inne Feme hätten …

Stadtweinhaus: *Das Stadtweinhaus wurde Anfang des 17. Jahrhunderts als Nebengebäude des Rathauses errichtet und diente u. a. als Lagerhaus für Wein. Heute ist es im ersten Geschoss mit dem Rathaus verbunden und beherbergt verschiedene Tagungs- und Sitzungsräume. Außerdem verfügt es über einen Balkon (Sentenzbogen), der bei offiziellen Anlässen – wozu auch die Schlüsselübergabe an den Karnevalsprinzen gehört – genutzt wird.*

Von muckeren Seegers gerettet

Früher gab es in Münster eine Straßenbahn, bis 1954 pästen die Schienenwuddis auf vier Linien durch die Strehlen. Und das mit Karacho: Wenn der Strehlentralli zwischen Salzstraße und Altem Steinweg durch die Kurve böschte, dann bölkten die Räder so laut, dass die Münsteraner schließlich von der „heulenden Kurve“ rakawelten. Und so schmuste sich später auch eine Kaschemme an dieser Ecke. Heute schmust sich die Kneipe „Bunter Vogel“ – aber am Ausleger über der Pintentür kannze noch immer eine kleine Straßenbahn dibbern.

Wennze willst, kannze in Münster aber auch noch einen großen Strehlentralli bekneistern. Der Wuddi mit der Nummer 65 steht hinterm Stadtbeis 3 am Albersloher Weg, nachdem muckere Seegers aus Münster ihn vor dem Schrottplatz gerettet hatten.

Der Wuddi, der 1926 in Gotha makeimt wurde, ist von 1927 bis 1965 mit der Nummer 65 durch Münsters Strehlen gepäst. Dann wurde er zusammen mit zehn anderen Wuddis nach Würzburg verscherbelt, wo er noch mal 20 Jahre über die Schienen böschte. Und anschließend stand er viele Jahre auf dem Hof des Hannoverschen Straßenbahnmuseums im Maimel – bis ein paar Münsteraner muckerten, dass er der einzige Wuddi der münsterischen Straßenbahn war, der überhaupt noch existierte.

Ein Seeger schuckte schließlich 17 000 Mark und karrte ihn nach Münster. Aber auch da erging es ihm nicht viel besser. Und er wäre wohl als Rostlaube irgendwann auf dem

Schrottplatz inne Machulle gegangen, wenn nicht ein paar tofte Seegers 2002 einen Verein gegründet hätten. Und der hat den alten Wuddi in jahrelanger Maloche wieder auf neu mänglowiert. Jetzt roint er wieder hamel schucker aus – vermutlich viel schuckerer als 1954, als er zum letzten Mal durch Münsters Strehlen päste …

Roint wieder hamel schucker aus: der letzte Wuddi der münsterischen Straßenbahn.

Straßenbahn: *In der Glashalle des Stadthauses 3 am Albersloher Weg steht ein alter Triebwagen mit der Nummer 65: Es ist der einzige noch existierende Wagen der Straßenbahn, die bis 1954 in Münster verkehrte. 1993 erwarb ein Münsteraner den Triebwagen, der seit 1975 im Depot des Hannoverschen Straßenbahnmuseums gestanden hatte. Doch es vergingen noch weitere zehn Jahre, bis der „Verein zur Rettung der letzten münsterischen Straßenbahn" die Restaurierung in Angriff nahm. 2013 wurden die Arbeiten abgeschlossen.*

Hamel tofte Figine

Wennze mal richtig tofte Figine dibbern willst, dann musste ins Theater Münster schemmen – in das Beis an der Neubrückenstraße, wo über dem Eingang ein Schleifen-Kunstwerk hängt, das so ausroint, als habe der Löti dort ein paar Rohre oder Kabel vergessen.

Was die Figinenköster da auf die Bühne bringen, ist echt jovel – vom Schauspiel (das sind die Stücke, von denen man auf der Penne hamel Zerche haben musste, wenn man in Deutsch eine Eins bewirchen wollte) über die Oper (wo Anims und Seegers in jovler Kowe hamel laut schallern und du dich wunderst, dasse trotzdem nix verstehst – bis du muckerst, dass die Italienisch labern) bis hin zum Tanztheater (wo die Schauter und Schicksen mit Femen und Zomen rakawelen, statt mit der Gosche). Dann gibt's auch noch Figine für Koten. Und die Niederdeutsche Bühne.

Die meisten Stücke, die die Niederdeutsche Bühne mänglowiert, werden übrigens zuvor in die Rakawele der westfälischen Knäbbels übersetzt, die sich „Platt" schmust. Und spätestens da fragt sich der Masemattenfreier doch: Warum gibt es am Theater Münster eigentlich keine Masematte-Sparte, warum wird nix in Masematte übersetzt? Wie wär's mit „Viel Bambonum um nix" von Shakespeare, „Geballte Feme" von Goethe oder der „Kimmelgroschenoper" von Brecht? Oder mit einer Masematte-Oper – vielleicht der „Kapper von Sevilla" von Rossini oder „So makeimen es alle" von Mozart?

Es gibt sogar Masemattenfreier, die labern, sie wollten im Theater auch mal ein Masematte-Ballett dibbern, zum Beispiel „Schwanenpani“ von Tschaikowsky. Aber das ist natürlich Tinnef. Weil die Rakawele der Femen und Zomen in Hochdeutsch oder Niederbayrisch genauso ausroint wie in Masematte …

Theater: *Das Theater Münster ist sehr breit aufgestellt und bietet ein dementsprechend umfangreiches Kulturangebot. Generalintendant Ulrich Peters spricht schon mal von „fünfeinhalb Sparten“: Musiktheater, Schauspiel, Tanztheater, Konzert, Junges Theater und – das wäre dann die „halbe Sparte“ – Niederdeutsche Bühne.*

Der Stress am Schont

Oft hegt man ja keine Zerche, wohin man muss, wenn man muss. Wennze beispielsweise mal im Kino oder in der Kaschemme auf'n Schont willst, fragste dich doch manchmal, wo für Schauter und wo für Schicksen ist.

Oft stehen am Schont so Figuren auffe Tür, und eine davon roint aus, als ob sie ne Plinte anhätte. Da denkste natürlich, das ist für Seegers. Aber haben die Kalinen nicht heute auch fast alle ne Bosse an?

Manchmal kann man auf den Türen auch Symbole dibbern, oder wie sich die Kreise mit nem Strich dran schmusen. Was an einem Kreis hängt, roint aus wie ein Kreuz, was am anderen hängt, wie ein Pfeil. Und du marterst dir den Schero: Was steht noch mal für Seeger – das Kreuz, weil die Macker so ein breites Kreuz haben, oder der Pfeil, weil die Schauter so tacko auffe Zomen sind?

Oder du knispelst da „D“ und „H“. Sicher, das „H“ könnte für Hegels stehen – und dann dürften da wohl auch Macker, Seeger und Schauter miegen. Aber was soll dann das „D“ – das passt doch weder zu Anims oder Kalinen noch zu Ischen oder Schicksen?

Nur bei den Preußen, im Asse-Makeimer-Stadion an der Mottek-Strehle, da ist die Sache klar. Da steht „Kalinen“ und „Seegers“ am Schont. Ist ja logo, in der Pause muss es tacko gehen, kannze nicht lange überlegen oder rumlabern – sonst biste immer noch am Maimeln, wenn die Asse-Makeimer schon wieder am Flemmen sind.

Aber natürlich schemmen auch Leute ins Stadion, die nicht aus Münster sind. Und die stehen dann vor dem Schont und hegen keine Zerche, wo sie dürfen, wenn sie müssen. Aber die Leute sind ja auch nerbelo heute: Schicken ihre Koten auffe Penne, dasse Latein oder Englisch labern lernen. Aber können selbst nicht mal richtig Masematte rakawelen …

Am Schont im Preußen-Stadion an der Mottek-Strehle wird Klartext rakawelt: „Seegers" und „Kalinen".

***Toiletten:** Es gibt ganz unterschiedliche Methoden, um Toiletten zu kennzeichnen – Buchstaben, Piktogramme, Gender-Symbole. Aber aus Sicht der Masematte-Freunde ist die Kennzeichnung im Preußen-Stadion an der Hammer Straße vorbildlich: Dort steht „Kalinen" und „Seegers".*

Toller Bomberg

Mit dem Zossen übern Tisch

Er war ein Nobel-Seeger, der im Münsterland lebte, aber oft nach Münster päste, wo er gerne einen auf Figine machte. Und wenn alles stimmt, was von ihm rakawelt wird, dann kann er es locker mit berühmten Figinenköstern wie Till Eulenspiegel aufnehmen. Der Baron hatte viel Knete und gab sie auch gerne aus, vor allem für Frauen und Feste, Kalinen und Lowinen. Und man schmuste ihn „Toller Bomberg".

Sein Nobelbeis stand in Buldern, einem kotenen Kaff im Münsterland, das kein Scharett hatte. Aber das störte den Baron wenig. Wenn er mit dem Tralli von Münster kam, zog er einfach bei Buldern die Notbremse, stieg aus und schemmte zu seinem Backs. Und wenn er deshalb Brast bekam, schuckte er eben die Strafe – und machte es am anderen Tag wieder genauso. Weil immer mehr Bulderner das muckerten und gemeinsam mit dem Baron ausstiegen, war es der Bahn irgendwann zu blöde – Buldern bekam ein Scharett.

Der tolle Baron hatte hamel Bock auf Feste und Gelage. Das kostete ihn viel Schotter. Nicht nur für Lowinen und Schabau. Oft musste er auch für Möbel und Geschirr blechen, die er im Übermut zerdepperte. Einmal hatte er wieder ein paar Schampus-Schawelen zerdellt und dabei hatte ein Splitter das Anim des Kowers verletzt – weshalb der ziemlich brastig war. Macht nix, bölkte der Baron, tu deine Kaline mit auffe Rechnung.

Wenn bei seinen Streichen einfache Leute zu Schaden kamen, so wird rakawelt, zückte der Baron tacko seine Patte und entschädigte sie mit Knete. Nicht so bei den Adeligen. Mit denen hatte er sowieso immer Brast, weil die ihn ziemlich kolone fanden. Einmal, so wird rakawelt, hatten sie ihn nicht zum Adelstag geladen, zu dem sich die ganze Mischpoke in einer Kaschemme traf. Deshalb päste der Baron kurz vor Beginn zu der Kneipe, kaufte dem Kower das Beis ab, besorgte sich ein paar schumme Seegers – und ließ die ankommenden Nobelfreier gleich wieder rauswerfen.

Die meisten Streiche makeimte der tolle Bomberg in seiner Stamm-Kaschemme, im Café Midy am Roggenmarkt in Münster. Da soll er einmal mit seinem Zossen die Treppe heraufgepäst und dann über einen Tisch gesprungen sein, auf dem jede Menge Gläser und Schawelen standen. Und vermutlich musste er hinterher wieder die Patte zücken …

Der tolle Bomberg: *Freiherr Gisbert von Romberg aus Buldern (1839 bis 1897) führte, um es mal vorsichtig auszudrücken, ein sehr unkonventionelles Leben. Weit bekannt wurde er u. a. durch einen Prozess, den zwei Familienmitglieder gegen ihn angestrengt hatten: Sie wollten ihn wegen Trunkenheit und Verschwendungssucht entmündigen lassen, hatten damit aber keinen Erfolg. Der Freiherr bildete auch die Vorlage für ein Buch von Josef Winckler, das 1923 unter dem Titel „Der tolle Bomberg – ein westfälischer Schelmenroman“ erschien und später mit Hans Albers verfilmt wurde.*

Keine Zichten, keine Sticken

Auf dem Turm der Lamberti-Tiftel malocht seit vielen hundert Jennikes ein Türmer – und seit 2014 erstmals ein Anim. Sie hat den höchsten Job in der Stadtverwaltung und vielleicht auch den gesündesten. Denn sie muss 298 Stufen hochschemmen, um das Türmer-Kabuff in 75 Meter Höhe zu erreichen.

Die Maloche auf der Lamberti-Tiftel ist auch aus anderen Gründen gesund. Jedenfalls war sie das für einen Vorgänger. Der schaffte die 298 Stufen, die einen ungeübten Besucher hamel ins Schwitzen bringen, in wenigen Minuten. Und wenn er mal keine Fluppen mehr hatte, konnte er zwischen zwei Einsätzen – er musste ja alle halbe Stunden mit der Tröte blasen – notfalls eben runterpäsen, zur nächsten Kneipe teilachen, Zichten ziehen und wieder zurück.

Eines Abends war es wieder so weit. Der Seeger saß oben auf dem Turm in seinem Kabuff und wollte sich eine Zichte anstecken. Aber er hatte keine, laulone mit Quarzen. Also zog er sich die Jacke an, schemmte die Treppe runter, päste zur nächsten Kaschemme, bickte sich eine Schachtel Fluppen, scherbelte zur Tiftel zurück, schloss die Tür auf, päste die Treppe wieder rauf. Und als er sich dann die Zichte anzünden wollte, musste der Türmer muckern, dass er keine Sticken hatte. Und da, so rakawelte der Seeger später, habe er sich eben das Qualmen abgewöhnt.

Heute taugt die Maloche auf dem Tiftel-Turm allerdings nicht mehr dazu, sich das Qualmen abzugewöhnen. Denn da herrscht, wie in allen städtischen Räumen, ohnehin Quarzverbot.

Türmer: *Seit dem 14. Jahrhundert gibt es das Amt des Türmers auf dem Turm der St.-Lamberti-Kirche, seit 2014 wird es erstmals von einer Frau versehen. War es früher die wichtigste Türmer-Aufgabe, vor Feuer und Feinden zu warnen, stehen heute Traditionspflege und Stadtmarketing im Vordergrund. Allabendlich (außer dienstags) bläst die Türmerin von 21 Uhr bis Mitternacht halbstündlich mit ihrem Horn.*

Die Jontef-Kuhle

Heute schmust sich das G7 oder G20, wenn sich die Obermacker und -kalinen aus vielen Bendinen treffen. Damals hieß das Westfälischer Friedenskongress. 1643 kamen Seegers – noch keine Kalinen – aus hamel vielen Käffern, Königreichen und Kurfürstentümern nach Münster, um auszubaldowern, wie man nach 30 Jennikes Stoof, Randale und Bambonum wieder ohne Plotte und Püster leben könnte.

Und sie palaverten fünf Jennikes. Was auch daran lag, dass es noch keine Wuddis und keine Trallis gab – und erst recht keine Smart- oder Laberphones, wie sich die Dinger schmusen, wenn zwei miteinander rakawelen, die gar nicht im selben Kabuff sind. Wenn damals einer einem anderen was mitteilen wollte, musste er entweder selbst hinschemmen – oder er musste einen Schauter schicken, der mit seinem Zossen hin- und herpäste.

Aber der Palaver-Kongress dauerte auch deshalb fünf Jennikes, weil nicht nur gelabert wurde – sondern weil auch viele Feste mänglowiert wurden, bei denen viel gepichelt und gefrengelt wurde. Besonders beliebt waren Maskenbälle, also Schwofen mit Ponum-Kowe, wo der eine keine Zerche hegt, wer der andere ist. Das fanden vor allem die Obermacker jovel, weil dann keiner muckern konnte, was sie so trieben …

Manche meinen ja, das sei der Anfang vom Karneval gewesen. Weil den Münsteranern die Schwoferei so gut gefallen habe, hätten sie auch hinterher zu Maskenbällen geladen. Und tatsächlich beruft sich ja eine Narrenmischpoke auf den Friedenskongress, nämlich die KG Freudenthal. Sie schmust sich nämlich nach einem Satz, den ein spanischer Obermacker damals schmonselte: „Ganz Münster ist ein Freudenthal." Wäre der Spanier ein Masemattenfreier gewesen, hätte er wohl rakawelt: „Das ganze Kaff ist eine Jontef-Kuhle."

Westfälischer Frieden: *Der Westfälische Frieden beendete 1648 den Dreißigjährigen Krieg. Er war das Ergebnis eines fünf Jahre dauernden Friedenskongresses, der in den beiden Städten Münster und Osnabrück stattfand. In Münster waren übrigens über 100 Gesandte vertreten, die zum Teil ein großes Gefolge hatten, so dass die Stadt zeitweise 2000 bis 3000 Personen beherbergte. Um sie bei Laune zu halten, gab es eine Fülle von Unterhaltungsangeboten sowie zahlreiche Musik- und Tanzveranstaltungen.*

In die Feme gespuckt

Nach dem Krieg war Münster hamel machulle, in der Innenstadt waren neun von zehn Backs kapores, am Prinzipalmarkt stand kaum noch ein Beis. Und es gab Schauter, die meinten, man sollte die Speismakeimer und Lapanenmalocher nach Roxel oder sonstwohin schicken – und die Stadt da wieder aufbauen.

Aber es gab auch Seegers, die meinten, Münster müsse sein altes Ponum und den Prinzipalmarkt behalten. Einer von denen, die damals in die Feme spuckten und sich an die Maloche machten, war Franz Feldhaus, der Kower von der Kaschemme neben dem Rathaus, die sich „Stuhlmacher" schmust. Er teilachte schon ein paar Monate nach Kriegsende auf den Prinzipalmarkt, um sein Beis wieder aufzubauen – mit einer Lapane, einer Karre und einem alten Zossen.

Die erste Maloche bestand darin, die Trümmer vonne Strehle zu bugsieren. Das war hamel schwierig. Zumal da ein schummer Eisenträger lag, ein Kaventsmann, den Franz Feldhaus mit seinem Zossen nicht vonne Stelle kriegte. Doch er hatte Massel, denn es kam ein Schauter mit einer Maschine samt Seilwinde vorbei. Der hatte den Auftrag, Ruinen einzureißen, damit sie den Leuten nicht auf'n Schero fielen. Franz Feldhaus fragte ihn, ob er ihm nicht helfen könne, den Kaventsmann wegzuschleppen. Der Schauter wollte daraufhin wissen, was Feldhaus denn vorhabe. Feldhaus schmuste ihm, er wolle das Beis wieder aufbauen. Da habe der Schauter baff ausse Kowe geroint, erinnerte sich Feldhaus noch viele Jennikes später: Der hat mich bedibbert, als wenn ich meschugge wäre …

Von wegen meschugge: Münster hat hamel Massel gehabt, dass es Seegers wie Franz Feldhaus gab – wer weiß, wie die Stadt sonst heute ausrointe.

Wiederaufbau: *Die Innenstadt war nach dem Zweiten Weltkrieg zu 90 Prozent zerstört, der Prinzipalmarkt lag fast komplett in Trümmern. Deshalb gab es sogar Leute, die die Frage stellten, ob es nicht sinnvoll sei, Münster an anderer Stelle wiederaufzubauen. Franz Feldhaus, Eigentümer der Traditionsgaststätte Stuhlmacher, gehörte nicht zu ihnen. Schon im August 1945, gut 100 Tage nach Ende des Krieges, rückte er mit einem Pferd und einem Sturzkarren an, um den Wiederaufbau seines Hauses in Angriff zu nehmen.*

Stoof im Beis

Die Nerbeloköster, die als „Wiedertäufer" in die münsterische Geschichte geteilacht sind, wollten eigentlich eine neue Tiftel makeimen – ein neues „Jerusalem", so schmuste man, wo alles joveler und tofter sein sollte. Aber war laulone mit jovel: Es wurde alles schofeler. Jede Menge Bambonum, viel Stoof und Roof, viel Mailach und Machullen. Die Figinenköster selbst wurden schließlich gechappt und endeten am Turm der Lamberti-Tiftel.

Aber auch heute noch gibt es Seegers, die meinen, dass nicht alles schofel war, was die Nerbelofreier damals gemacht haben. Beispielsweise die Sache mit der Vielkalinerei. Jeder Macker durfte mehrere Anims gasseln. Und Jan van Leiden, der Obermacker der Wiedertäufer, der sich König schmuste, der hatte sogar 16 Kalinen.

Aber die Seegers, die das tofte finden, so meinen andere, hegen doch keine Zerche vonne Realität. Man bräuchte sich ja nur mal vorzustellen, was ambach ist, wennze 16 Schicksen im Beis hast:

Wennze nach der Maloche nach Beis kommst und willst mit deinem Anim inne Kaschemme päsen, um lecker was zu achilen und einen zu picheln, hasse hamel Brassel: Entweder ist Stoof im Beis, weil du nur mit einer losschemmst – oder du muss einen Bus bewirchen, wennze alle mitnimmst.

Wenn eine morgens mal wieder rakawelt, sie hätte nix anzuziehen und bräuchte neue Kowe, wollen 15 andere auch neue Klamotten. Und dann brauchste ne hamel schumme Patte, wennze das alles blechen willst …

Oder wennze mal daran denkst, dass es immer, wenn ein Seeger und eine Kaline in einem Beis zusammenleben, auch mal Stoof oder Bambonum gibt, was sich „Ehekrach“ schmust: Wennze 16 Kalinen im Haus hast, hasse vermutlich immer Stoof mit einer – und manchmal mit mehreren.

War wohl doch ganz gut, dass die Nerbeloköster heute in Münster nicht mehr das Rakawelen haben …

Wiedertäufer: *Die Täufer, die hierzulande noch immer gerne Wiedertäufer genannt werden, errichteten in den 1530er Jahren in Münster eine zunächst reformatorische Herrschaft, die sich aber immer mehr radikalisierte. Unter anderem führten sie wegen des großen Frauenüberschusses auch die Vielweiberei ein, König Jan van Leiden selbst nahm sich 16 Ehefrauen. Im Juni 1535 endete das Täuferreich mit einem Blutbad. Die drei Anführer wurden zu Tode gefoltert, ihre Leichen zwecks Abschreckung in eisernen Körben am Turm der Lamberti-Kirche aufgehängt.*

Von Achile bis Zossen

Die Masematte hat nur einen überschaubaren Wortschatz. Wer Geschichten erzählen will, gerät da schnell an seine Grenzen. Deshalb enthält dieses Glossar auch zahlreiche (meist zusammengesetzte) Wörter, die in den letzten Jahrzehnten neu „erfunden" wurden. Darunter auch einige, die in diesem Buch vermutlich erstmals verwendet werden – wie zum Beispiel Maukenschemmer-Strehle (Fußgängerstraße).

Achile: Essen
achilen: essen
ambach: los, hier, da, dabei
Anim: Frau, Mädchen
Asse: Ball
Asse-Makeimer: Fußballspieler
ausbaldowern: erkunden, erforschen, erfinden
ausklamüsern: ausdenken, herausfinden
ausroinen: aussehen

Backmann: Stein, Backstein
Backs: Haus, Gebäude
baff: erstaunt, überrascht
Balachesen: Geld
Balachesen-Beis: Geldhaus, Bank
Bambonum: Ärger, Streit
bechern: trinken
Beis: Haus
Beis-Mänglowierer: Architekt

Beheime: Vieh
belgen: schnorren
Bendine: Gegend
beribbeln: bezahlen
beschen: gehen, laufen, fahren
Beschine: Pfennig
bewirchen: bekommen, erhalten
Bezinnum: Wurst
bicken: kaufen, einkaufen
Bickbeis: Kaufhaus
Bickstrehle: Einkaufsstraße
blechen: bezahlen
bölken: sagen, rufen, schreien
Boofke: Ganove
böschen: gehen, laufen, fahren
Bosse: Hose
Bräse: Toilette, Klo
Brassel: Ärger
Brast: Ärger
Bunke: Ganove

Chalobeis: Bauernhaus
Chamine: Wärme, Hitze
chamm: warm, heiß
chappen: fangen, festnehmen
Chatte: Tasche

dellen: schlagen, prügeln
dibbern: sehen, gucken
Döppen: Augen

Feme: Hand
Fememalocher: Handwerker
Figine: Angeberei, Täuschung, Schau

Figinenköster: Angeber, Schauspieler, Künstler
Finete: Fenster
Finne: Flasche
Fiole: Angeberei, Täuschung
Firche: Bett
firchen: schlafen
Flattermann: Hähnchen, Vogel
flemmen: Fußball spielen
flennen: weinen
Fleppe: Papier, Führerschein, Zeitung, Buch
Flunken: Bein
Fluppe: Zigarette
frengeln: essen
Funzel: Licht, Lampe, Laterne

Gallach: Priester, Geistlicher
Gannef: Dieb
gasseln: heiraten
Gosche: Mund

Hacho: Bauer, Landwirt
Hallas: Krach, Ärger, Unruhe
hamel: viel, sehr, groß
Hegel: Mann
hegen: haben, besitzen
hei: fünf
Heiermann: Fünfmarkstück
hügen: schnorren

Jack: Feuer, Brand
jackes: teuer
Jarikes: Eier
Jebbero: Kaninchen
Jennikes: Jahre

Jontef: Spaß, Scherz
jovel: gut, schön
juckeln: fahren
Juhlepani: Abwasser, Jauche

Kabache: Hütte, altes Haus
Kabuff: Raum, Zimmer, Stall
Kaff: Dorf, Siedlung
Kaftan: Anzug, Mantel, Bekleidung
Kaline: Frau
kapores: kaputt, tot
Kapper: Friseur
Karo: Brot, Butterbrot
Karo-Makeimer: Bäcker
Kaschemme: Kneipe, Gaststätte, Wirtschaft
Katzow: Fleischer, Metzger
Kaventsmann: Riese, Brocken
Keilof: Hund
Ker: Haus, Gegend, Stadtviertel
kimmel: drei
kindigen: kaufen
klemmen: klauen, stehlen
Knäbbel: Bauer, Landwirt
Knäbbelbeis: Bauernhaus
Kneis: Bauer, Landwirt
Kneisterkasten: Fernsehgerät
Kneisterer: Zuschauer
kneistern: sehen, gucken, betrachten
Knete: Geld
Knetemann: Fahrrad
Kniest: Ärger, Streit
Knirfte: Brot, Butterbrot
knispeln: sehen, gucken

Körning: Busen
kolone: verrückt, durcheinander
koten: klein
Koten: Kind
Kotenbeis: Kinderhaus (Stadtteil von Münster)
Kowe: Kleidung
Kower: Kellner, Wirt
Kribbelpani: Sprudel, Sekt
kurant: hübsch, gut aussehend

labern: reden, erzählen
Laberknochen: Telefon, Handy
Lapane: Schüppe
Lapanenmalocher: Bauarbeiter
lau: nichts, nein, kein
laulone: nichts
Lauscher: Ohr
Leeze: Fahrrad
linken: betrügen, hintergehen
Lobbe: Gesicht
Löti: Klempner
Lorenz: Sonne
Lowi: Geld
Lowine: Bier
Lowinerie: Brauerei
Luftwuddi: Flugzeug

machulle: tot, kaputt
machullen: verletzen, töten
Machullenpoofbeis: Leichenschauhaus
Macker: Mann, Kerl
makeimen: machen, arbeiten, schlagen
mänglowieren: machen, einfädeln, herstellen, organisieren
Mänglowation: Verwaltung

Mänglowiererei: Werk, Machwerk
Mailach: Blut
Maimel: Regen
maimeln: regnen, pinkeln
Malessen: Ärger, Problem
Malme: Schulden
Maloche: Arbeit
malochen: arbeiten
maschemau: Ausruf des Erstaunens
Masematte: Handel, Geschäft
Masemattenfreier: Händler, Gewerbetreibender
Masemattenfreier: Masematte-Sprecher
Masmimen: Schuhe
Massel: Glück
Matrele: Kartoffel
Mauken: Füße
Maukenschemmer-Weg: Fußweg, Bürgersteig
Maukenschemmer-Strehle: Fußgängerstraße, Fußgängerzone
Meierling: Schuh
meschugge: verrückt
miefen: riechen, stinken
miegen: pinkeln, regnen
Mischpoke: Verwandtschaft, Sippe, Gesellschaft
Mispel: Polizei
Moos: Geld
More: Angst, Sorge
Mottek: Hammer
Mottek-Strehle: Hammer Straße
mucker: klug, schlau, aufmerksam
muckern: merken, bemerken
Muffe: Angst, Sorge
muffen: riechen, stinken
Muffen: Holländer
Muffensausen: Angst, Sorge

mulo: tot, kaputt
Muttke: Dreck, Schlamm

nerbelo: verrückt
Nerbeloköster: Spinner, Verrückter

Oberkaline: Leiterin, Chefin
Obermacker: Leiter, Chef
Obermann: Hut
Öhme: schlechte Luft
Öle: Kanal
ömmes: jawoll, fürwahr, tatsächlich
Osnik: Uhr

päsen: laufen, rennen, fahren
Palaver: Gerede, Diskussion
palavern: reden, diskutieren
Pani: Wasser, Tränen
Panibengel: Wasserwaage
Paniseeger: Bademeister
Panistrehle: Wasserstraße
Patte: Tasche, Portemonnaie
pegelschicker: volltrunken
Penunzen: Geld
picheln: trinken
Pillen-Makeimer: Apotheker
Pilo: Schnaps
Pinte: Kneipe, Wirtschaft, Gaststätte
Plastikmacker: Bildhauer
Plempe: Säbel, Schwert
plete: weg, fort, verschwunden
Plinte: Hose
Plotte: Messer
Plümpse: Badeanstalt

Ponum: Gesicht
Poofe: Bett
poofen: schlafen
Pore: Kuh
Pünte: Boot, Schiff
Püster: Gewehr

quarzen: rauchen
Quinie: Schnaps

Rakawele: Sprache
rakawelen: sprechen, reden
Randale: Lärm, Ärger
Ratbeis: Rathaus
ratzen: schlafen
Reibach: Gewinn, Verdienst
Rochus: Zorn, Wut
Röllekes: Augen
Roof: Hunger
Roineisen: Brille
roinen: sehen, gucken

Schabau: Schnaps
schallern: singen
Schallermann: Sänger
schanägeln: arbeiten
Schapp: Schrank
Scharett: Bahnhof
Schassor: Schwein
Schassörken: Schweinchen
Schauter: Mann, Kerl
schauwe: teuer, wertvoll
Schawele: Flasche
scheften: gehen, fahren

schemmen: gehen, laufen
scherbeln: gehen, laufen
Schero: Kopf
schickern: trinken, saufen
Schickse: Frau
Schmackes: Kraft, Energie
Schmarrer: Arzt
schmergeln: lächeln, lachen
Schmiege: Gesicht
Schmier(e): Polizei
schmonseln: sagen, reden, erzählen
Schmuh: Betrug
schmusen: nennen, reden, sprechen, zeigen
schnasseln: trinken
Schock: Jahrmarkt, Markt, Send
schofel: schlecht, übel
Schokelamai: Kaffee
Schont: Toilette
Schonte: Scheiße
Schontebeis: Scheißhaus, Toilette
schoren: klauen, stehlen
Schotter: Geld
schucken: geben, zahlen, bezahlen
schucker: schön, schick
schumm: dick, groß, füllig
schwofen: tanzen
Seeger: Mann, Kerl
Sore: Ware
spachteln: essen
Speismakeimer: Bauarbeiter, Maurer
Sticken: Streichholz
stikum: heimlich, still
Stillepenn: Gefängnis, Justizvollzugsanstalt
Stoof: Ärger, Streit
Strehle: Straße

Strehlentralli: Straßenbahn
strunzen: angeben, aufschneiden
Stuss: Quatsch, Unsinn
Stussmann: Spinner, Trottel

tacko: schnell
Tackoachilkabache: Schnellimbissstube
Teewinde: Krankenhaus
teilachen: gehen, laufen
Tiftel: Kirche
Tinnef: Quatsch, Blödsinn, wertloses Zeug
tippeln: gehen
tofte: gut, schön, prima
Tokus: Gesäß, Hintern
Tralli: Zug, Bahn

verkasematuckeln: erklären, erläutern
verkimmeln: verlieren
verknickern: erzählen, erläutern, erklären
vermasseln: verderben
verschachern: verkaufen
verscherbeln: verkaufen

Wuddi: Wagen, Auto
wullacken: schwer arbeiten

Zaster: Geld
Zerche: Ahnung, Wissen
Zichte: Zigarette
Zinken: Nase
zirochen: riechen, stinken
Zoff: Streit, Ärger
zoffen: streiten, ärgern
Zomen: Beine
Zossen: Pferd